君ならできる●

小出義雄

幻冬舎

君ならできる

—目次—

第一章　二〇〇〇年、シドニーへの道

第二章　高橋尚子、強さの秘密

第三章　人を育てる魔法の言葉

第四章　これが世界に勝つ戦略だ

第五章　マラソン競技のおもしろさ

第六章　心は鍛えるほど強くなる

装幀　亀海昌次
装幀写真　北川外志廣
扉写真　北川外志廣
高橋昌彦
協力　倉田ひさし事務所

第一章

二〇〇〇年、シドニーへの道

二〇〇〇年九月二十四日、シドニーの夢

二〇〇〇年九月二十四日の光景が、私のまぶたに浮かんでくる。晴れわたった青空。爽《さわ》やかな風が吹き抜ける競技場。きらめく光。

シドニーは、春だ。

オリンピックの、女子マラソンレース当日。この日にいったい何が起こるのか。それを、何度思い巡《めぐ》らしてみたことだろう。

五輪コースの試走はもちろん、走りのイメージトレーニングも数えきれないほど繰《く》り返してきた。

オリンピックでのレース本番を前にして、私の心の風景の中には、軽快なフットワークで走りつづける高橋尚子の姿が、はっきり見えているのだ。

シドニーのマラソンコースは、高低差が約七十メートルもある。しかも、スタートしてすぐの一・五キロで約五十メートルの高さを一気に駆《か》け下りることになる。そして、また

すぐに上りに変わる。ここが最初の難関だ。

全体に起伏が多く、平坦《へいたん》なところはほんの一部分しかない。オリンピック史上、最も苛《か》酷《こく》な難コースだといわれる所以《ゆえん》だ。

そのコースを高橋に思い切り気持ちよく走らせてやるのが、私の務《つと》めだと思っている。

高橋は、五月からアメリカ・コロラド州のボルダーで、高地トレーニングをつづけてきた。合宿の本拠地はボルダーに構え、そこから車で約四十分のネダーランドと、車で一時間半の標高二千八百から三千メートルのウィンターパークで数回合宿を行った。

標高三千メートルに近くなると、空気が希《き》薄《はく》だから、マラソンランナーはつねに酸欠状態で走りつづけなければならない。高地トレーニングは、ランナーの酸素摂取量を少なくし、より少ない酸素で効率的に走れるようになることを目的としている。

その上、ロッキー山脈の厳しいアップダウンの山中を走るのだから、走る者にとっては「苦しい」というより、拷問《ごうもん》状態に近い。その苛酷な環境下での、本番に向けての「脚」づくりと心肺機能の強化が、今回のトレーニングのいちばんのポイントだ。

ボルダーに持ち込んだシューズは四十足近く。この中からレース当日の「たった一足」を選ばなければならない。

その一足が、高橋の走りを左右するかもしれない。

高橋は、髪も短く切って、心身ともにオリンピックに向けての最終調整に入った。

彼女がトレーニング用のコースを走っている姿を目で追いながら、私はシドニーで走っている本番の風景に重ね合わせている。

高橋が、いつものような調子で走り抜くことができるか。もちろん、強敵は多い。その中で、最初に競技場のトラックに走りこんでくるのは、誰《だれ》なのか？　私には、はっきりとその姿が見えている。

私が何度も思い描いた光景の中に、ひときわはっきり見えているのは、もちろん彼女、高橋尚子の晴れやかで、すがすがしい「笑顔」なのだ。

入門を断ってもやって来た高橋尚子

高橋が入門を志願してきたときのことは、いまでもよく覚えている。

一九九四年、金沢で開かれたインターハイにやって来て、リクルートのランニングクラブのマネージャーを通じて、私に会いたいと伝えてきた。小出の門を叩《たた》いたのだ。

「笑顔がいい子だな」と思った。

もちろん、走りのセンスも悪くないことは知っていた。

ただし、当時のリクルートは「今年は大卒の採用を見合わせようか」という時期だった。当時、大阪学院大四回生だった高橋は、高校時代の恩師に勧められて私のもとにやって来たのだが、そういう事情があって、一度は断らざるを得なかった。

そのときの高橋の、いかにも残念そうな顔が記憶に残っている。

ふと気持ちが動いて、帰り際《ぎわ》に、

「もしかしたら正社員じゃないけど、契約だったら可能性があるかもしれないよ」と声を

掛けた。彼女の暗くなりかけた顔色がぱっと明るくなって、

「契約でも何でもいい。とにかく小出さんの下で練習できればいいんです」という。

その後、私が北海道で合宿をやっていたら電話がかかってきて、

「練習に行ってもいいですか」という。

「いいよ」といったら、その翌日にはもうやって来たのだ。

実は高橋はすでに、ある生命保険会社に就職が決まっていた。それで高校の先生のところに、就職が決まりましたという挨拶《あいさつ》に行ったら、

「何をいってるか。おまえは強くなりたくないのか」と聞かれたそうである。

「強くなりたかったら、リクルートの小出義雄監督のところへ行け」

と恩師に諭《さと》されたのだ。

高橋が出た県立岐阜商高の恩師は、山梨学院大の出身だった。知らなかったが、彼は私の孫弟子にあたるのだ。というのも山梨学院大の上田監督は、実は昔、私が指導した仲である。

「強くなりたかったら、小出のところへ行け」という発言には、こうした背景があったのだ。

人と人との出会いは、運命的な「縁《えにし》の糸」だといえる。

かくして、高橋尚子は私のもとへやってきた。

自分ひとりの力では「大化《おおば》け」しない

いまになって思えば、つくづく出会いとは不思議なものだ。

有森裕子の場合もそうだった。

彼女は、大きな大会で名前を残していないいまだ無名の選手だった。彼女のほうから何度も私のところに訪ねてきた。「ぜひ教えてほしい」という。

だが、会社も高い費用をかけてやるわけだから、無名の選手を採《と》ってものにならなかったら、弁解のしようがない。あえて無謀《むぼう》な賭《か》けをするより、強い選手を採ったほうがいいに決まっている。

私は有森にも返事をしなかった。そうしたら、ある日、どんなツテがあったか分からないが、私が大学でお世話になった先生から手紙が来た。

「有森はいい子だから、駆《か》けっこで使えなかったら生活係か寮長でもいい。何としても採ってくれ」という。お世話になった先生から頼まれたら仕方がないということで、採用が決まったのだ。

ところが、その有森が大化けする。人間の可能性というか、能力にははかり知れないものがある。もしも、私の一存で有森を蹴《け》っていたら、一九九二年のバルセロナと九六年のアトランタオリンピックでの銀・銅メダルの感動は有り得なかっただろう。

人間は、出会いやめぐり合いを何より大事にしなくてはならないと思う。有森裕子がいなかったら、あるいは鈴木博美が、高橋尚子がいなかったら、私という存在もありえなかったのだから。

縁とはそういうものだ。どこにどんな糸がつながっているか分からない。

余談になるかもしれないが、高橋のところにファンの人たちがサインを頼みに来ることがある。忙しいときなどは、仕方なくお断りするが、見ていると高橋の顔に不機嫌な表情がパッと出ることがある。

私は後で彼女を呼んで、

「断るときにもニコッと笑って、ごめんねといいなさい。相手に対して誠意を見せなくちゃいかんよ」

と教える。どこで、いつ、誰に助けられるかわからないからだ。

人生というのは、そういうものなのだ。もしかすると、私はマラソンを教えているより、そんな心の持ち方を教えているほうが多いかもしれない。

つい先日も、練習中に取材のヘリコプターの爆音や、カメラマンがロードのすぐ近くまできて邪魔になったことがあった。

「監督、何とかしてください」という。

「何をいってるんだ。そんな気持ちでは世界じゃ勝てない。どんな音がしても、『ああ、私が走ってるから見にきたんだな。ごくろうさま』と思うぐらいの大きな見方をしていかないと。イライラしていては勝てないよ」

私はそう彼女にいった。世界で勝つにはそのぐらいの心のゆとりや、おおらかな気持ちを持っていないとつぶれてしまう。

人間の器《うつわ》と可能性を広げるには、物の見方、考え方から始めなければならない。

物怖《ものお》じしない高橋キューちゃん

高橋が入社したときの、有名なエピソードがある。

新入部員の一人ひとりに挨拶させるのだが、そのときに、何か持ち芸があればやらせるのが恒例になっている。

たかが余興《よきよう》だが、「この子は人前に出る能力があるか、内気なのか、どのくらい社交性があるか」、総合的なものを見ようという意図もあるのだ。いわば、社会人としての適性を見る第二次面接といえるだろう。

ほかの人間はそれなりに挨拶を済《す》ませ、次に高橋の番になった。

何をやるのかと思ったら、驚いたことに体中をアルミホイルでグルグル巻きにして、『オバケのＱ太郎』を踊ったのだ。

まわりは、大ウケだった。なにしろ、服を全部脱いで体にそのまま直接アルミホイルを巻いている。音楽に合わせて踊る格好も表情もおかしくて、みんなはもう転げ回って笑っていた。

まるで飲み屋に行って、隠し芸大会をやっているようなものだった。

あまりに驚いたから、踊りが終わって、

「高橋、採用は取り消しだ」

と宣告した。

「え、そんな……、本当ですか？」

さすがにびっくりしたようだ。本気で心配している。だが、私がニヤニヤしているのを見て、やっと冗談だというのが分かったらしい。

それ以来、「高橋キューちゃん」と呼ばれるようになったのだ。

高橋は、初めこそおどおどしたところもあったが、実力を発揮するようになると、本来の物怖《ものお》じしない性格が前面に出てきた。

いまでは大きな大会に行っても「私がいちばん強いんだ」というような顔をして、マイペースでやっている。そこがいいのだ。肝《きも》っ玉《たま》がすわっているというのだろうか。

その点は有森とよく似ているところがある。伸びる子というのは、やはりどこか共通点が多いような気がする。

努力の積み重ねが「運」を招く

高橋が最初に私のところに来たときは、それほど強い選手だという印象はなかった。学生としては評判がよかったが、どうしてもほしいと思わせる選手ではない。ところが、合宿に来て走っているのを見たときに、

「この子はいい走りをしてるのに、何でこんな記録しかないのか」

と思ったものだ。

その走りを見て、「何とか育てたいな」という気持ちが心の中にフワッと湧《わ》くのを感じた。

腕の振りは悪かったが、脚の運びは抜群だった。腕振りをちょっと直したら、脚の運びはフルマラソンにぴったりだと思ったのだ。

日本人の場合、走法は体型や筋力から考えて、脚を置いていくようなピッチ走法が適している。しかし、同じピッチ走法で走っても、高橋は他の人より脚が少し長いので、ふつ

うに脚を ポンと踏み出しただけでも歩幅(ストライド)が大きくなる。これは、マラソンをする上でとても得なことなのだ。だからトレーニングをさらに積めば、もっとストライドが伸びて無理のない走りでずっと行けると思ったのだ。

ただし、同じような走りができる選手は日本にも何百人といる。だが、本人も気がつかないし、私たちも気がつかない。たまたま一緒にやってみて初めて分かることだってある。いままでもテレビを見て、「ウワーッ、いいな」と思う選手もたくさんいる。

たとえば、Aという監督が気がつかなくてもBという監督が見たら、「あの選手はいいな」と思うこともあるはずだ。そこが人間の出会いであり、運がいいか、そうじゃないかが関わってくるのだ。

その運、不運が、とてつもない結果を生むこともある。

私などは、高校の先生方やほかの監督から見れば、かなりずぼらにやっているほうだと思う。いい選手を見つけるために血眼《ちまなこ》になったこともない。他のチームのように各地の大会や成績のデータを収集したり、比較検討して選手を探しているわけでもない。

本当にずぼらな監督だと自認しているくらいだ。しかし、それでもめぐり合うべき選手とは、ちゃんと出会っているのだ。

これは、「運」としかいいようがない。

マラソンなら世界一になれるよ

高橋は、最初からマラソンランナーとして入社してきたわけではない。三千メートル以上の距離には向かないといわれ、トラック組にいた。本人も、なぜかそう思いこんでいたようだ。

だが、早くから高橋の才能に注目していた私は、毎日のように彼女にささやいた。

「おまえはロードに向いている。マラソンがいい。マラソンなら世界一になれる」

しかし、彼女はなかなか本気にしなかった。

高橋の走りならマラソンで世界一になれるというのは、私の監督としての「第六感」である。監督とは、そういう勘やひらめき、「第六感」を生まれながらにして持っていないといけないのだ。

もうひとつ、高橋尚子という名前を見たときに感じたことがあった。

一目見て、ものすごくバランスがいい。

「これはおまえのお父さん、お母さんがつけた名前じゃない。プロに頼んだろう」

そういったら、彼女はびっくりして、

「そのとおりです。尚子の『なお』はもっといい字があったけど、いちばんいいのをつけると名前負けするから、和尚《おしょう》さんの尚にしたって」

素人《しろうと》の私が見ても、いい名前だ。高橋はそういう運命も背負って走っている子なのだと、私なりに納得できたのだ。

実は、私自身にも似たような経験がある。

かつて、インターハイで名古屋に行ったときのことだ。ある人に名刺《めいし》を渡したところ、じっと見つめて、「小出義雄という名前は、頭領運《とうりょう》を持っている」という。

その人によれば、「天昇院頭領《テンショウイン》というものが、あなたには備わっている」というのだ。

「あなたは必ず竜のように昇っていく。この職業をやっていたら自然に道は開けるから、ずっと頑張《がんば》ってみなさい」

その言葉を頭から信じたわけではない。ところが、次の年に仲村明が優勝。女子の河合美香も三千で優勝。インターハイも国体も優勝してしまった。

それだけではない。次の年も、またインターハイで優勝したのだ。その上、駅伝も全国高校駅伝で勝ちたいなと思っていたら、それもポーンと高校新記録で優勝。私が高校で目標としてきたインターハイ、国体、駅伝、すべてのタイトルが取れたのだ。

「よし、これからは夢に描いてきたオリンピックの金メダルだ」

そう考えて、五年間お世話になった市立船橋高を辞《や》めて、リクルートに移った。

ここでも幸運がつづいた。マラソン界で無名だった有森が入ってきて、すぐに代表に選ばれ、バルセロナで銀メダルを取ってしまったのだ。

高橋の名前を見て、そんな体験がよみがえってきた。

さらにいえば、彼女の「顔」がおもしろいと思う。

けっして負けず嫌いの顔ではない。むしろ、お人好《ひとよ》しなほうだろう。人前では絶対に嫌な顔をしない。小さいときに自分なりに苦労しているから、おそらく今後はものすごく恵まれて、金（かね）を残すようになるタイプかもしれない。

できれば、「金」のメダルも手に入れてほしいと思う。

監督という仕事は、走りだけでなく、人を見抜く力も大事なのだ。

指導者は諦《あきら》めてはいけない

高橋の選手生活は、けっして順風満帆《じゅんぷうまんぱん》ではなかった。

リクルートでも、十数人いる中の六番目の選手だった。駅伝で走るときも、六人の選手のうち、いちばん弱い選手が走る区間に回されていたほどだ。

自分に自信がないせいか、おどおどしている。仕方なく私がコーチやほかの二、三人を引き連れて、つき添《そ》いに行ったのだ。

ところが、実際に走らせたら、いちばん弱い区間でも区間賞が取れなかった。どんどんほかの選手に離されてしまう。練習ではある程度強いのだが、大会に出すと実力が発揮できないという弱さがあった。

たとえば、五千メートルに出すと四千まではいいのだが、あと千メートルでみんなに抜《ぬ》かれてしまう。後半になるとだんだん減速してしまうのだ。

高橋にとっての初マラソンになった、一九九七年一月の大阪国際女子マラソンでも、

「これはいいな、こいつはもう優勝できるかな」

内心でそう思って出したのだが、二十キロを過ぎたあたりからズルズルと落っこちて、二時間三十一分三十二秒で、七位に終わってしまった。

「やっぱりダメか、この子は」

と諦めそうになったこともあった。

しかし、「待てよ、物事は工夫だな」と考え直した。練習方法を全部がらっと変えてみたのだ。

私はそれまで、ただ頑張らせればいいと思っていた。ところが、そうではなかった。練習と同じように休養も大事なのだ。要するに、人間の体に強弱のリズムがあるように、練習にも強弱が必要だということだ。

それまでの練習は、いつも後半になるとガンガン飛ばさせる方法だった。ところが結局はそれで疲れきってしまう。試合でも、疲れが出てしまうのだ。

そこで、休むときには思い切り休ませて、やるときには思い切り行くという、強弱の波をつけてやった。走る距離も変えた。距離を長くしたり短くしたりしたのだ。

走りの専門家の中には信じない人もいるが、スローペースで走らせるのも大事なのだ。ときには、ゆっくりじっくり走らせてみる。マラソンは全身で走るが、脚の筋肉で体を運んでいくわけだから、筋肉をしっかり作らなければならない。

練習方法を変えたとたん、高橋はめきめき強くなっていった。記録も落ちない。

そこで、ものは試しと思って、翌一九九八年三月の名古屋国際女子マラソンに出してみた。

後半に弱く、最後まで持たないといけないから、

「ゆっくり行けよ、ゆっくり行けよ」

応援で会うたびに、そう叫んだ。

「いいよ、その調子で行け」

高橋を見ると、ニコニコしながら走っている。走るのが楽しくて仕方がないといった感じなのだ。そのまま最後までスピードは落ちず、二時間二十五分四十八秒という当時の日本最高記録で勝ってしまった。

「監督というのは諦めちゃいかん」

私はつくづく教えられたものだ。監督は選手よりも粘《ねば》りがなくてはいけない。

家庭での教育と同じだ。お父さんもお母さんも、子どもより粘りがなくてはいけないのだ。

諦めなくてよかった。それを私は高橋から教えてもらったと思っている。

高橋をよみがえらせた一言

練習をつづける高橋を励ますために、私なりの努力もした。

励ましの基本は、褒《ほ》めることだ。

先ほども触れたが、「名前がいい」ということのほかに、「おまえは足がものすごくいい」と褒めてあげたのだ。

ただし、いまは笑い話になっているが、高橋は不満だったらしい。

「監督が褒めてくれたのは、くるぶしから下だった」と。

確かに、

「おまえ、くるぶしから下、いい足してる。いいキック出してるね」といったのを覚えている。と同時に「おまえは世界一になれる」と毎日のようにいいつづけたのだ。

高橋にしてみれば、三百六十五日「おまえは世界一になれる」と、同じことをいわれていると、本当はなれっこないと半信半疑でも、

「あれ、もしかしたらなれるのかな」

と、その気になってくる。だが、私は本当の本気だった。

「おまえ、小出が嘘をいってるか本当か分からないのか。嘘をつかれたつもりで、いわれたとおりやってみな」

私の言葉に、高橋はしっかりとうなずいた。

初マラソンに出る前に、ニューメキシコの合宿に連れていった。三週間ほど練習を積んだら、一万メートルで二分近くも記録がよくなった。グラウンドで二周ぐらい速くなったのだ。

年が明けて九八年の一月に、京都で全国都道府県対抗女子駅伝というレースがあって、高橋が岐阜県代表でアンカーをやるという。レースに出場させるために、彼女だけ先に帰した。

その後、ニューメキシコが深夜の午前三時という時間、「そろそろ日本で夕飯食べてるな」という頃に起き出して、高橋に電話を入れた。

「どうだ、調子は？　いまこっちは三時だよ」

「夜中まで起きててくれたんですか」

「おまえの走るのが、ちょっと心配だから」

そんな会話の後、「最初の一キロはこうやって走る、二キロはこうやって」と、一キロずつの走り方を電話で教えた。それも二日連続で電話をかけて、当日も、

「いいか、いったとおりに走れよ。ストップウォッチを合わせておけよ」

と何回も確認した。

彼女は、私のいうとおりに走ってくれた。その結果、いままで区間二十番以下だったのが、区間三番になってしまった。いままでの自己最高記録より二分ぐらい記録がよくなっていたのだ。

真夜中の電話が、しっかり功《こう》を奏《そう》したのである。

「ニューメキシコから送り出すときに、よくいってきかせたからいい」

と、それで済ませたらダメなのだ。念押しが大事なのだ。

「監督はここまで私のことを思ってくれている」

高橋にその思いが伝わらなければ、意味がない。

私は、夜中であろうが三時だろうが四時だろうが、たとえ寝ないでも、「この子は日本一、世界一になる」と思ったら、起き出して「高橋、どうだ」と声を掛ける。

選手と話をしていて、こちらが誠意を示して一所懸命になれば、必ず相手も一所懸命になってくれる。反対に、こっちが手を抜くと必ず相手も手を抜く。そういうものなのだ。

駅伝での成功の後も、彼女には、

「おまえは一番になれる。絶対になれる。世界一になれる」

と、毎日のようにいいつづけた。彼女の姿に何か光るものが見えたのだ。

名古屋国際女子マラソンで日本最高記録を出したのは、駅伝から何と二ヵ月後だった。

たったひとつの言葉にも、人を変える魔法の力があるのだ。

私は「有森二世」じゃない

強くなっていく選手の目には輝きがある。

「よし！　やってやるぞ」

という目を輝かせる闘志と、顔にいい表情が出てくるようになる。いい走りをするためには、そういう表情に持っていかなくてはならない。

勝負はもう二、三週間前に決まっているのだ。レースの直前になって焦《あせ》ってもダメだ。一夜漬けの勉強で、答案用紙をもらったら頭の中がボーッとして何を書いていいか分からなくなるのと同じで、ふだんが大事なのだ。

名古屋国際のときには、

「もしかしたら勝つかもしれない」

という予感があった。なぜかといえば、

「高橋！」と声を掛けると、ニコッと笑ってタッタッタッタッと小走りでやって来る。調子のいいときは、ちょっと呼んだだけで自然に小走りで来てくれるのだ。反対に調子が悪いときは、ゆっくりのこのこ歩いてくる。それがひとつの目安だ。

「これはもしかしたら……」

そう思ったのだ。

高橋の性格を物語るエピソードがある。

彼女が入ってきたときに、無名だった頃の有森にイメージが重なった。同じように無名だった彼女を勇気づけようとして、

「おまえは有森二世だ」

といった。

それを聞いた高橋が怒りだしたのだ。

「監督、何をいってるんですか。私は有森さんじゃありません。私は私で、きちっと高橋尚子の走りをします」

といったのだ。

私がいった有森二世とは、「昔は有森も弱かった、おまえもきっと強くなる」という意味だったのだが、とにかく有森と一緒にされるのが嫌だったようだ。

「私は私でやります」という。二番目じゃ嫌だ、一番がいいというのである。

「この子は、なかなかいうな」

シンの強いところがあると感心した。

そのシンの強さと目の輝きが、最近はさらに目立つようになってきた。人間は自信がつくと変わってくるのだ。

彼女が大きく成長した証拠かもしれない。

監督には五つの胃袋がいる

私は、監督には胃袋が五つなくてはいけないと思っている。

牛には四つの胃袋があるというが、監督はもうひとつ多く五つ必要なのだ。

たとえば、つまらない話だが、高橋が一人で外出した時など、転んで足をくじきはしないか、交通事故にあいはしまいかと気が気ではない。

心の中にある不安、心配、不満、憤り、自己嫌悪そんなもののすべてを呑《の》み込んで、何度も反すうしながら五つの胃袋で消化してしまわなければならない。粘りの一語につきるのだ。

「ここで辞めたらホッとするだろう」

毎日のようにそう思っている。でも「何を！」と思い返すときが、何百回となく繰り返された。

私たち監督も人間、時にはカーッとすることもある。だが、自分が好きでやっているのだから、「もう嫌だ」と思ったらそれで終わりだ。

そうではなくて、「ああ、これで遊ばせてもらっている。人生を好きにさせてもらっているんだな」と思えば、苦にならなくなる。

世間では、監督というものに対する先入観があるようだ。いろいろな人に決まっていわれることがある。

「監督は毎日厳しく叱って練習をやってるかと思ったら、全然違うんですね」

私が選手を怒鳴《どな》って、ビシビシ特訓していると思いこんでいるらしい。監督の命令に、選手は絶対服従というイメージが強いらしいのだ。

とんでもない。逆に私が高橋に怒られることもあるし、ふだんは友達みたいな感覚で話し合いながら練習に臨んでいる。要するに結果が出ればいいのだから、どんなやり方でもいいのだ。

おそらく、百人の監督がいたら百通りのやり方がある。

その人の持って生まれた性格があるから、仕事というものは私は私の性格で進めていかなくてはいけないと思っている。

ある後輩監督から、

「いま、小出さんが書いた本を読んで、監督術を勉強しています」

といわれたことがある。

だが、いくら人が書いた本を読んで勉強しても、いい監督になれるわけがない。自分の性格や個性を生かしながら指導しなくてはいけないと思う。私と同じようなことをやったとしても、それは単なるもの真似にすぎない。

物事というのは真似してやってもダメだ。ある程度は行くかもしれないが、追いつくことはできない。私を真似ても、結局私には勝てないのだ。

他人を超えるには、自分独自のやり方、考え方を実行しなければならない。誰にも通用するような監督術など、ありえないのだ。

ライバルより自分自身との戦いに勝つ

ボルダーで最終仕上げのトレーニング中のある日、高橋がいつになく真剣な顔で部屋にやって来たことがある。

「監督、私に金メダルを取らしてください。監督にかかってます」

突然、そんなことをいいだした。

「私は練習を一所懸命やります。だから、監督はいいメニューを作ってください」

というのだ。

高橋は、一九九八年十二月のアジア大会のときの調子に持っていきたい、と思っているようだった。彼女の性格として、「よし、ここから行けるな」と思ったら、ゴールまで全力で行けるタイプだ。

だから、そのぐらい自信の持てる調子まで上げていきたいというのが彼女の希望だった。

もともと高橋は、私が「二十キロから出よう」といっても、なかなかうまくいかない。

自分で「よし、行ける」という判断ができなかったら出られないのだ。

名古屋国際のときも最初はトップに出たが、ちょっときついなと思っていったんは下がった。後ろのほうが楽だなと思って、スパートする機会をずっと窺《うかが》っていた。

「よし、ここからスパートしても最後まで持つ」と思ってポーンとトップに出たら、誰《だれ》もついてこなかったという。

スタート直後の五キロは体が重くて、きつかったが、後ろにつくのは精神的にもすごく楽だった。その代わり、「ここから出よう」と思ったら彼女は行けるというのだ。

自分で決意してラストスパートに入ったら、体が軽くて軽くて不思議なくらいだった。

「あんなに楽だったら、もうちょっと前、あと五キロぐらい前から出ていれば世界最高記録を狙《ねら》えましたね」

などと平気な顔でいってのけるのだ。

いまの高橋には、ライバルのことは眼中にない。むしろ、気になっているのは、自分との戦いをいかに有利にすすめるかということだけだ。

「いつ、どこで勝負に出るか」

自分に「よし！」と声を掛けるときが、高橋の真価が発揮される瞬間である。

第二章

高橋尚子、強さの秘密

血液をよくしないと走れない

選手の体調を万全《ばんぜん》な状態で走らせるためには、食生活の管理も欠かせない。

かつて高校生を教えているときに、体重を十キロ落としてレースに出したことがあった。体を軽くしてやれば記録が伸びると思ったのだ。

ところが、結果は最悪だった。十キロレースで予想より十分も悪かったのだ。失敗した理由が知りたくて医者に相談したら、大声で怒鳴《どな》られてしまった。

「何をやってるんですか、あなた、体育の先生でしょ。こんなにド貧血じゃ走れない。もっと食べさせなさい」

その生徒は体重を落とすために、ろくに食事もしなかったのだ。栄養不良の上に貧血がひどかった。そこで、「こういうものを食べさせろ、ああいうものを食べさせろ」と医者が教えてくれた。

以来、私は栄養学の勉強を始めるようになったのだ。料理にも興味を持ちだした。体にとってどんな栄養が必要なのか。どんな食べ物を食べればいいのか。

おそらく、マラソン選手の監督として、私はいま世界で一番いいものを食べさせていると思う。高橋にも「もっと食べろ」といいつづけている。

栄養学を知らない人は、痩《や》せれば走れると思っているが、そうとは限らないのだ。もっと体重を落とせとはいうものの、体重は練習だけでは落ちない。そこで、食べるのを抑《おさ》えることになる。だから、栄養不良とカルシウム不足になって、骨折したりするのだ。

私は、美味《おい》しいものを口から食べて、胃で消化して、吸収して、そのエネルギーが本当に力になると思っている。だから、高橋にはいっぱい食べさせているのだ。

人間の体というのは、すべて血液が物語る。血液の値がよくないと走れない。貧血状態では夜すぐ眠くなってしまうし、学校に来てもあくびばっかりしている。あくびというのは酸素が足りない、もっと酸素が入ってこないかというときに、グァーッと大きな呼吸をして新鮮な酸素を脳や血液に送り込む生理作用なのだ。人体の仕組みは、じつにうまくできている。

血液の値をよくするためには、なんといっても食事と栄養が肝心《かんじん》だ。

私は選手たちに、旬《しゅん》のものを食べなさいというが、そのほかに赤いものや、緑、黄色いものなどをすすめている。また、血液には赤血球もあるし、白血球もあるし、血漿《けっしょう》もある。

それらが何からできるかといえば、タンパク質である。

タンパク質には植物性タンパク質と動物性タンパク質がある。そこで、植物性タンパク質の宝庫である大豆をはじめとした豆類や、良質の動物性タンパク質でありビタミンの多い豚肉とかウナギ、脂肪の少ない牛のヒレ肉とか、あるいは鶏の肉を食べさせる。

同じ肉でも霜降りのいいところは脂《あぶら》をたくさん含んでいて、みんな脂肪に変わってしまうから、できるだけ脂肪の少ないヒレ肉か、鶏を選ぶのだ。

ともかく良質のタンパク質をたくさん摂《と》らせる。おそらく高橋もほかの選手も、ふつうの人の倍は食べているのではないだろうか。

朝から肉を中心に、魚や卵、鉄分を多く含んだヒジキとか、体にいいものをきちっと食べる習慣をつけている。

私は、選手の食生活まで気を配る栄養士でもある。

高橋は食欲旺盛な野性児

高橋は食欲は十分、二人前や三人前は食べてくれる。その意味では、私の理想としているランナーだ。

基本的には和食が多いが、一週間のうちに一日二日はジョギングにして、本格的なトレーニングは休みにする。そういう日は軽くパンにしたり、洋食にしたりと、あきがこないようにいろいろ工夫しながらやっている。

和食は、肉もつくし、魚介類もつく。食卓にならぶ食品の数が多くなる。洋食だと、生野菜でもサラダを作ってパッと容器に盛るだけだが、和食はみそ汁の中に野菜を入れたり、茹《ゆ》でたり、煮物にしたり、さまざまに使われる利点がある。自然と野菜を摂《と》る量もふえる。

選手たちは、三時間も四時間も走って汗をかいて、一般人の何倍もの塩分を出してしまう。トレーニングが終わると、体のあちこちに白く塩が吹き出しているのだ。

だから、みそ汁もちょっと濃いめにしてもらう。普通の人と同じに、二、三グラムで足りるわけがない。何倍も摂らないと、まったく足りないのだ。

塩分を摂ることがなぜ大切なのだろう。血液を舐《な》めてみると、ちょっとしょっぱいのが分かる。〇・九パーセントの食塩水と同じ濃度なのだ。その塩分をランナーたちは走ることでガンガン出してしまっているわけだから、そのマイナス分を補充しなければならない。みそ汁も濃いめでちょうどいいのだ。

高橋には、好き嫌いがほとんどない。食べっぷりも見事だ。

魚の頭が出てくると、目玉まで食べてしまう。大きなマグロの目玉の白いところまで、カリカリ嚙《か》んでいる。鶏が出てくると骨をポッキリ折って、ハシで中の髄《ずい》まで食べるし、魚の骨もポンと割って、血のかたまりみたいなものまで食べる。

鮭の皮もそうだ。ザラザラしている皮が美味しいといって、ほかの選手のぶんまで食べてしまう。まるで熊みたいな野性児だ。

減量するときは食べないが、ご飯も大好きで、大きな茶碗にしっかり食べる。チャーハンなどを出すと、大きなお皿にいっぱい食べてしまうほどだ。

一般に、試合直前はカーボローディングといって肉を控《ひか》えようとか、野菜を控えようといわれる。ガスが出るからという理由なのだが、有森は三日ぐらい前まで肉類をガンガン食べ、二、三日前になると肉類を一切やめて、スパゲティーなどの炭水化物だけ摂るようにしていた。

走るエネルギーを溜《た》め込むためだが、その点、高橋は何も関係ない。

私がビールのつまみで唐揚げや、エビの天ぷらをもらうのを見て、

「監督いいですか？」

「何？」

「食べていいですか？」

ひとつくらいは大目に見ようと、「いいよ」といったら、大きなエビの天ぷらをバクバク食べている。マラソンをやっている日本の選手の中で、大会の前の晩にエビの天ぷらや唐揚げを食べるのは高橋だけではないだろうか。

さすがの私も内心は心配だったが、本人はケロッとして、次の日もガンガン走っていた。

経験上、天ぷらとか油ものを食べると胃がもたれるものだが、高橋には関係ない。そのへんも、野性児の面目躍如《めんぼくやくじょ》といったところだ。

勝つためになすべきこと

一九九八年十二月のアジア大会出場は、いろいろな人の反対を受けた。

「三十度を超えるバンコクの暑さの中で走らせてどうするんだ」

「あとで使いものにならなくなる」

ずいぶんアドバイスも受けた。それが当たり前の感覚だろう。誰でもふつうはそう考えるはずだと思う。

だが、私の考えは違った。体にガタがくるのは、そうした条件下でのトレーニングをしていないからだ。たとえば、家の中が三十三度のときに温度計を屋外へ出しておくと、五十度で振り切れてしまう。高橋も有森も、そんな中で毎日のように練習をやらせていた。だから、三十度になろうが四十度になろうが平気なのだ。

ところが、多くの人は、毎日そんなところでやると体力を消耗して疲れが出てしまうと思いこんでいる。だが、人間の体というのは、暑いところでトレーニングを積めば、暑い中で走れるようになるものなのだ。

高校野球がいい例だ。高校生たちは、あの炎天下で二時間も三時間も平気で野球をやっている。むろん、日陰でクーラーのきいたところに入っているヤツが、突然炎天下に出てきたら、おかしくなるのは当たり前だ。人間の体は、暑かったら暑いような対策をしておけば慣《な》れてくるものなのだ。

だから、高橋には「暑くたって関係ないよ」とアドバイスした。

私の経験では、涼しいクーラーのきいた部屋にいて、「さあ、大会だ」とアスファルトが溶けそうなところに行ったら一時間しか持たない。反対に、暑いところで毎日練習していれば、最初は三十分しか持たなくても四十分、五十分と耐えられるようになって、二時間でも持つようになる。

大会はいつも同じ場所とは限らない。平地もあれば、高低差のきつい坂道もある。炎天下や、時には雨や雪の悪条件下で戦わなければならないこともある。こちらの都合で選ぶことはできないのだ。

だとしたら、どんな条件のときでも走れるようにするのが、トレーニングだろう。

一九九七年のアテネ大会で鈴木博美が優勝したとき、記者会見の席上でアメリカの記者にいわれたことがある。

「コイデの練習は、クレイジートレーニングだという評判があるが……」と。

私の教え方が、ハードトレーニングで有名だったらしい。だが、私はこう答えた。

「そうは思わない。ケニアやエチオピア、ポルトガル、ルーマニアなど、素質のある国柄の人と同じトレーニングをしていたら勝てるわけがない。日本人は筋力的にも劣るし、能力的にも劣る。勝つためにはどうしたらいいのか。それには練習量を増やしたり、いい食事を工夫したりしなければダメなのだ」

練習量の多い少ないは、選手の能力や素質に合わせるしかない。私は、勝つためのトレーニングをしているのだと説明した。記者は、それで納得してくれた。

人が見たら「何だ、これは」と思うだろうが、常識的なことをしていては人より前に出ることはできない。新しいことで、たとえ冒険であっても高橋にやらせてみる。それで結果が出ればいいではないか。

大胆さと緻密《ちみつ》さの両方が必要だ。怖《こわ》がっていては、何も始まらない。

アジア大会の結果は、二時間二十一分四十七秒というタイムで高橋が勝った。世界歴代五位という日本最高記録だった。

勝つためのトレーニングの結果である。

世界選手権に無念の欠場

マラソンランナーに、ケガや病気はつきものだ。高橋も例外ではない。

これまでに、大きな大会を棄権《きけん》したことが何度かある。一九九九年八月のセビリアの世界選手権もそうだった。その原因は私にある。

ボルダーでトレーニングをしていて、レースの三週間ほど前、

「おまえはいい調子だから、今日は天皇陛下も食事をしたレストランでごちそうするよ」

と高橋を誘ったのだ。

山の上の、二千メートルぐらいのところに高級レストランがあって、アルバムを見せてもらったら、天皇陛下が食事をされている写真が貼《は》ってあった。そこの主人が、自慢していつも持ってくるのだ。私も高橋に自慢してやろうと思って、連れていった。

ところが、さすがに高級レストランだけあって、前菜が出てきてからメインが出てくるまで二時間以上もかかってしまう。次の皿を待っているときに、

「監督、寒い」

と高橋がいいだした。「あっ」と思った。標高二千メートルだから、夜は夏でも寒い。しかも、彼女も油断して薄いブラウス一枚で出かけていた。

あわてて私の背広をかけてやったのだが、やっと食事を終えて帰ってきたら「寒くてしようがない」という。

熱をはかったら、三十八度五分。間違いなく風邪《かぜ》だった。

これは私の失敗だ。彼女の記録がいいことで気が緩《ゆる》んでいたのかもしれない。

大事をとって二日休ませた後、熱も引いて治った三日目から二十五キロほど走らせた。つづいて次の日には四十キロを走らせたのだが、その次の日の朝、

「監督、脚が痛い」という。

腸脛靭帯《ちょうけいじんたい》と呼ばれるいちばん大きな靭帯に炎症が起こっていた。二日間も寝た後いきなり走ったから、靭帯を痛めてしまったのだ。

「二日ぐらいジョギングをやらせればよかった」

と思ったが、後の祭りだ。懸命にマッサージはしたが、痛みは治まらない。

それでも、彼女は痛みを我慢《がまん》して練習をメニューどおりこなそうとした。大会のことを考えると、これ以上休んでいるわけにはいかなかったのだ。

セビリアへ乗り込んだのは、大会一週間前だった。相変わらず痛みはあったが、それでも練習は休まなかった。

「どうだ？」と聞くと、

「痛くてたまらない」という。

それでも走る意欲は満々だった。私は最後の決断をしかねて、思いあまって、ある人に相談を持ち掛けた。

「やめさせたほうがいい」

それが、相談の結果、たどりついた結論だった。

大会当日の朝四時頃。爽やかな笑顔で起きた高橋は、私の部屋にやって来て、

「監督、どっちのランニングで走りますか、どっちのパンツで走りますか」

という。お守りがついてるのはこっちだと指差してみせた。本人は走るつもりなのだ。

私は前日深夜の話し合いで、すでに棄権を決めていたが、高橋の笑顔を見たら何もいえなくなってしまった。

「ちょっと待て。脚はどうだ？」

「……少し痛いです」

その言葉を聞いてから、ゆっくり諭《さと》すような気持ちで説明を始めた。

「おまえ、途中で痛くなっちゃったら、応援してくれる人に大変失礼だから、今回はやめよう。今度出るときは完全な状態で出よう」

彼女はしゃくりあげ始めて、泣きながら、必死に「走りたい」と訴えた。私だって走らせてやりたかったし、走れば勝てると分かっていた。高橋もそのつもりで痛みを我慢しながら、練習も予定どおりこなしてきたのだ。

「監督、ゼッケンを外して走らせてください」とまで彼女は訴えた。よほど走りたかったのだろう。それが無理な願いであることは分かっていた。

「今回は諦《あきら》めよう。だけど、オリンピックは小出が何としても行かせてやる。だから、心配するな」

結局、説得するのに一時間かかった。いつの間にか、彼女の涙もおさまっていた。

「応援しに行っていいですか」

「じゃあ、一緒に行こう」

そのあと、みんなで応援に出かけたのだが、ほかの選手が走っている姿を見て、いちばん悔しくて悲しかったのは高橋だったろう。走らせてやりたかった、と思う。

だが、私たちの目標は、セビリアではない。シドニーの夢があるからこそ、無念の涙で棄権を決めたのだ。

オリンピック最終選考直前の食中毒

シドニーを目指す私たちを、最大級のアクシデントがまた襲った。

オリンピック代表を決める最終選考となる二〇〇〇年三月の名古屋国際を前にして、思わぬ事態が起こったのだ。

最初は、前年の十月に行われたハーフマラソンで転んで手首を骨折したことだった。八千人も出場した市民マラソンだったが、高橋が来たということで、ワーッとみんなが一緒になって走り出し、脚がからまって転んでしまったのだ。

高橋は「痛いな」と思って途中で時計を外し、片手で押さえながらも最後まで走ってしまった。あまりにも痛くて腫《は》れてきたから、レントゲンを撮ったら骨折していた。骨折したまま二十一キロを走ってしまったのだ。高橋はそういう子なのだ。

この骨折で、一ヵ月休まざるを得なくなって、二〇〇〇年一月の大阪国際には出場さえできなくなった。

仕方なく私は、ターゲットをオリンピック最終選考の名古屋国際に絞《しぼ》り込んだ。

ところが、徳之島での合宿に旅立とうというその日の早朝、またしてもアクシデントが発生した。朝の四時頃、私の部屋に電話が掛かってきた。

「監督……」という声が、泣いている。

「もう死んじゃいそうで我慢《がまん》できません」

「何だ？」と聞いたら、お腹が痛い、という。

すぐに消防署に電話をしたら私の知りあいがいて、近くの総合病院を教えてくれた。連れて行く間に高橋に話を聞くと、どうやら前日に食べたものが悪かったらしい。近所にファンがたくさんいて、合宿に出る彼女の送別会を開いてくれたのだ。

その席で、連れていった人が鯖《さば》を食べさせてくれたという。鯖の食中毒だ。高橋は「美味しいものを食べさせてやる」というと、喜んでいただく良い性格だ。今回は不幸なことに、鯖にあたってしまったのだ。

とはいえ、スケジュールは変更できない。医者に、朝の便で徳之島に行かなければならない事情を説明して、応急処置として痛み止めを打ってもらった。

そして、大急ぎで寮に連れ帰り、九時過ぎには荷物をまとめて羽田に向かった。機内に乗り込んだ高橋に、

「どんなに痛くても新聞記者がいるときは嫌な顔をするな、ニコニコしておけ」

と命じた。徳之島の空港には、報道陣が取材に群がっているはずだ。ところが、いったんは治まった痛みが、徳之島に着いたら、またぶり返してきた。

取材だけを早めに済ませて、誰《だれ》にも内緒で病院に連れて行った。ここでも痛み止めを打ってもらって、宿舎に着いたのだが、二十分もしないうちに、

「監督……」となって、また病院に連れていった。宿舎から距離にして三十キロはあったと思う。結局、一晩中行ったり来たりして、仕方なく入院させたのだ。

二日間ベッドに寝たきりで点滴をつづけ、何も食べずに四日間苦しんだ。

そうこうしているうちに、また記者会見の日になった。

「食中毒で寝ていました」

とは口が裂《さ》けてもいえない。病院はあと二日は入院していろといったが、私は無理やり連れ出して、その日二十キロぐらい走らせた。名古屋国際を食中毒でダメにするわけにはいかないのだ。このレースに圧勝することが、オリンピックへの最後のチャンスなのだ。

二人でサトウキビ畑の中を回った。こんな状態のときに、ふつうは走れとはいわないだろう。私も辛かったが、

「大丈夫だ、おれと走ろう」

そういって、ゆっくり走った。

二日目には四十キロ走った。しかし、食べていないから、ほかの選手に引っ張られている。いくら練習をしても調子が上がらない。

いろいろな人から、「大丈夫か、大丈夫か」という心配の声があがった。

名古屋国際が、オリンピックの切符を手にするラストチャンスだとみんなもよく知っている。ところが、たった五千メートルで自己記録より二分も悪い。

「もしかしたら、ダメかもしれない」

私もいったんは諦めかけた。だが、何としても諦めたくない。

いままでの予定表を全部ボツにして、少し軽めの練習を一週間早めに組んでみた。そうしたら、大会一週間前になって、十キロをポーンと自己最高記録で走れたのだ。

ようやく、光が見えてきた。

雨風に耐えて花咲く時を待つ

調子は戻ってきたが、高橋自身も不安がいっぱいだったらしい。

「監督、大丈夫ですか？」

と私に聞きにくる。名古屋国際までのタイムリミットは刻々と迫っていた。

「大丈夫だ、任《まか》しておけよ。小出に任しておけ」

顔で笑って応《こた》えたものの、内心は私だって不安でドキドキして、彼女が入院しているときは眠れない日が三日つづいた。

「耐えなくちゃいけない。選手より監督が耐えなくちゃいけない」

そう自分にいいきかせた。

オリンピックなんかなければいいとさえ思った。あるいは、予選を六月頃にしてくれないかとも思った。高橋だったらいま絶対日本でいちばん強い、負けないと確信していた。

もし三月の名古屋国際がダメだったら、六月に予選を一つ作ってくれないかなどと虫のいいことをつい考えてしまう。

六月だったら、九月に間に合う。何とかならないか……そんなことまで考えていた。人間は追い詰められると「わらをもつかむ」のだ。

ベッドに入っても眠れないから、ボールペンと紙を持ってきて枕元に置き、次々頭に浮かんでくる言葉を書き留めておいた。そのときにできた一つが、『雨風に耐えて花咲く時を待つ　夢の架《か》け橋名古屋かな』という句だ。

名古屋国際マラソンがオリンピックへの最後の橋だから、「夢の架け橋名古屋かな」という部分に思いを託したのである。

徳之島での合宿を終えて名古屋に入り、いよいよという大会の前の晩、テレビ局の人と取材の打ち合わせのついでに飲むことになった。

「明日は勝つでしょ？」と聞くから、

「分かんないよ」と答えた。

ちょっと酒が入った勢いで、いまの心境はこうだよと、例の句を披露したのだ。おれは雨風にじっと耐えて花咲くときを待っているんだ、と。

その言葉を聞いてテレビ局のディレクターが、「色紙に書いてくれ」という。

「えっ、何するの？」といったら、高橋がもしトップで来たら、それをテレビの画面に岡本真夜の歌と一緒に流すという。正気では書けないけれど、酔っぱらった勢いならいいだろうと、色紙を書いた。文字も酔っぱらっているのが分かったくらいだ。

そして迎えた、名古屋国際の当日。

高橋は期待どおり走ってくれた。三十五キロを過ぎてトップで走っているときに、ディレクターは、前夜の約束を守って岡本真夜の歌と一緒に私の色紙を映してくれた。文字は相変わらず酔っぱらったままだったが、胸にジンとくるものがあった。

『雨風に耐えて花咲く時を待つ　夢の架け橋名古屋かな』

雨風に耐え抜いて、花はたしかに咲いた。

高橋は、満開の笑顔を私に見せてくれた。

「せっかく」という感謝の心

以前、高橋がインフルエンザにかかったことがあった。

熱がひどくて、練習もままならない。彼女は、「なぜ、こんな大事なときに風邪《かぜ》をひいたんだろう」と、落ち込んでいた。

「このままずっと布団をかぶって寝ていたら、この子はダメになってしまう。少し熱が下がったら早く回復させてやろう」と思った。

何とか、この子の気を紛《まぎ》らわせてやろうと考えたのだ。大会に向けて意欲を盛り上げるためにも、気分を切り換える必要があった。

「おまえ、将棋《しょうぎ》できるか」

「できます」

「よし、来い」

将棋盤に駒《こま》を並べながら「風邪がうつってもいいや。おまえの風邪がおれにうつれば、おまえは治るよ」などと軽口を叩いていた。

お互いに攻めたり、攻められたり。このあたりが潮時と思って負けてあげたら、「キャッキャッキャッキャッ」と大喜びしている。風邪をひいたことも、まったく忘れてしまっていた。

私が負けて、高橋はいい気持ちだったのだ。ピンチに追い込まれたときこそ、遊びや楽しみを見つけたい。

私はスポーツも、楽しみながらやるものだと思っている。

「頑張ってね」

と期待してくれる人も多いが、それをプレッシャーにはしたくない。

スポーツは人のためにやるものではないと思う。高橋のマラソンは、あくまでも自分のためにやるものだ、といつもいっている。それが日の丸をつけて出て勝ったら、最終的にはお国のためだ。

「昔は、最初からお国のため、お国のためとやったけれど、いまは違う。いまは自分のためにやるんだ。おまえが三十、四十になって、母親になったときに『お母さんはこんなに頑張れたんだよ』って、子どもに自慢できるようなお母さんになれ」

そのために頑張れ、と教えている。

お国のためとか会社のためでやっていたら、嫌なときに突っ走れない。だが、自分のためと思ったら突破できる。

「だから、嫌な顔をしてやっちゃいかん。楽しんでやれ」

それが私の持論だ。嫌な顔を見るのは嫌だ。嫌な顔をしている子がいたら、もうやめたほうがいいよ、という。

ニコニコしている顔に出会うと、こっちまでうれしくなる。かつて、私が個人的にいろいろ心配事があったときに、学校に行って、その子の顔を見るとホッとするという教え子がいた。

みんながそういう顔でなくてはいけない。

高橋がケガをしたり、風邪をひいて焦《あせ》っているときには、

「悔《くや》しいかもしれないが、そうじゃない。もしも土壇場《どたんば》で風邪をひいたりケガなんかしたら、スタートラインにつけない。いま、『せっかく』ここで風邪をひかせてくれた、ありがたく休めということなんだ」

そういってやる。

せっかく転んでケガをした。せっかく食中毒を起こした。「せっかく」と思うところから、別の見方が生まれてくる。いまここで頑張りすぎたら、骨折なんかしてスタートラインにつけない。オリンピックに行けなかった。

だから、ここでお腹が痛くなった。「せっかく」お腹が痛くなったのだ。ありがたい。そんなふうに理解しておけ、と。「せっかく」という言葉を覚えておきなさい。この言葉は北国銀行の徳田監督から聞いた仏教の教えだが、私自身も日々心懸けている。なにかあったときには、

「せっかくこうしてくれた、感謝、感謝」

そう思う心が大切なのだ。

運を呼び込む得な人間

人間という生き物は、どうしようもなく弱いところがある。

極限までつきつめて、頑張りぬいて、最終的には何か人間の知恵や力を超えたものに頼りたくなるときがあるのだ。

かつて、有森を教えていたときもそうだった。あるおばあちゃんに、

「有森さんはすごい輝くけれど、アメリカの合宿に行ってはいけない」という。

方角が悪いというのだ。合宿に行くなら川越のほうにいい水があるから、そこに行って水を汲んできなさい、と。その水を毎日コップ一杯ずつ飲むと厄除《やくよ》けになるという話だった。そんな馬鹿な、と思ったがやはり気になる。私はいまでも恥ずかしくて仕方がないが、真夜中、誰にもいわないで、川越までこっそり水汲みに行ったのだ。

それだけではない。もう一人のマネージャーは、水戸の偕楽園《かいらくえん》まで、冬の朝七時に水を汲みに行った。有森のために、恥を忍んで何でもやってやろうという気持ちだった。

それで、バルセロナで銀メダルを取った。もちろん、水を飲んだからといって、それが影響したわけではないかもしれないが、人間は弱いものなんだと、つくづく感じた。

高橋の場合も、名古屋国際の最終選考の前に、同じような話があった。

私たちがお世話になってる民宿の社長さんから、「あそこの観音様はご利益《りやく》があるから行け」といわれたのだ。

さすがに、今度は行かなかった。

「すいません、おれ行かないよ」

今回は、自分の弱さと戦ってみようと思ったのだ。ところが、社長さんが自分で行ってお札《ふだ》とお神酒《みき》をもらい、うちへ送ってきてくれた。高橋と私の二人分だった。

「参ったな。ほかの人がこんなに心配してくれてるのに、自分が行かなくちゃいかんな」

その日、コーチを連れて、

「行くぞ!」と、高速を飛ばして行った。

観音様は、千葉県・房総の奥のほうにあるのだが、着いてから驚いたことがあった。

プロ野球ジャイアンツの有名選手も、小学校五年生から来ているということだった。一年に一度、必ず。しかも、お父さんは毎月お参りに来ているという。ちゃんと、その選手の大きな写真が飾ってあった。

「あんな有名な野球の選手でも行ってるんだな」と思った。

私が出かけたのは名古屋国際の土壇場、一週間ぐらい前のことだった。

単なる気持ちの問題かもしれないが、やることはやった、万全を尽くしたという思いはあった。名古屋で勝って、その報告に寺を訪ねたら、

「何でもいいから、高橋さんが直接身につけているものを一つ貸してください」

という。それを朝晩、オリンピックが終わるまで一所懸命拝む、というのだ。そこまで頑張って、まわりのみんなが応援してくれているのだ。つくづく、「高橋は得な人間だ」と思う。

得な人間というのは、自分で「運」を導いているのだろう。

「運」がいいとか悪いとかいうが、偶然のように天から降ってくるものではなく、自分で「運」を呼び込んでいるのだ。まさに、ツキも実力のうちである。

強さの最大の秘密は素直さ

高橋がなぜ強くなってきたか、それには大きな理由がある。

一言でいえば、彼女の性格だ。

世の中には、スポーツ向きの、身体的にすごくいい素質を持って生まれてくる人間が、いっぱいいる。でも、なぜ伸びてこないのかというと、その人たちの性格のせいなのだ。どういうことかといえば、高橋の場合は強くなりたいという一心があって、陸上競技そのものに関しては、あまり詳《くわ》しく知らない。陸上競技ができる、走れるということが、うれしくて、うれしくて仕方がないのだ。陸上が好きでたまらなくて、やっている。

一方、有森の場合は、陸上競技の練習があまり好きではない。だが「ただの人」で終わりたくないという気持ちも強烈に持っている。どういうふうに自分を表現していこうかと考えたとき、マラソンだったら「有森ここにあり」を表現できると選んだのだ。

鈴木博美の場合はもっと極端で、陸上が大嫌いなのだ。だが、負けるのが嫌いでやっている。やっているということは、多少は好きなのだが、とにかく人に負けるのは絶対に嫌いなタイプだ。

三人の比較をするわけではないが、高橋がなぜ強くなってきたかというと、私の長年の監督としての経験から、一ついえる特長がある。

「こうすれば強くなる。今日はこの練習やって、明日はこれをやる。明日の朝はキツいけどこれやるよ」

と指導すると、何でも「はい、はい」といって、何も疑わずにやってきた子なのだ。

自分なりに納得して素直に従ってきた。

ところが、強くならない子というのは、素晴らしい素質を持っていても、

「いや、監督、こんなにやったら疲れちゃいます」

「今日はジョッグします」

「私は、こうやりたいんです」

などといって、練習方法を自分で勝手に決めてしまう。たとえ素質がある子でも、これではダメなのだ。

私がいつもいっているのは、親が自分の子を可愛く思わないことはない。親の小言に対して、反抗期になると「フン！」とそっぽを向いている。しかし、やがては親のいったこ

とが、自分で子どもを持ったときに初めて分かるようになる。

「自分でひとりで育ってきたと思っちゃいかん。小出は四十何年の経験で、お前の性格を見て、お前の体を見て、昨日はこういう練習をやってきた、一週間前はこういう練習をやってきた、だから今日はこの練習をやるんだ。小出は弱くさせようと思って、このスケジュールを立ててるんじゃないんだ」

だから小出のいうことを聞け、というのだが、

「いや、私は今日は疲れてます。ジョッグします」

と、ヘソを曲げる。

ちょっと強くなると、分かったような錯覚を起こすのだ。そういう子は、あるところまで行くと、もうそれ以上は強くならない。監督が、「もっとこうやってやれ」というと、「でも……」と反抗して、もめる。それでだいたい辞めていくケースが多い。性格が本人の成長を妨《さまた》げている。

高橋は、走ることがうれしくて仕方ないから、

「私五十までやります。五十歳になっても、一生走りますからね」

だから、監督、ずっと見ててください、というのだ。ともかく、性格が素直の一語につきる。だから強くなる。

強くならない子は、自分の心を閉ざしてしまっている。いくら私の経験で強くなるように指導してあげても、扉を閉めているから入っていけないのだ。

高橋はいつも開けておいてくれるから、私がいうと心にスーッと入っていって、大きくなる。またいうと、また大きくなる。どんどん、どんどん大きく伸びる。

高橋の強さの秘密は、そんな素直さなのだ。

第三章

人を育てる魔法の言葉

練習はまず朝の元気な挨拶《あいさつ》から

「始めよければ終わりよし」という。

何事も、気持ちよく始めることが肝心《かんじん》。一日の始まりでも、小鳥のさえずりに目覚め、神々《こうごう》しい日の出を拝むことができたら、「今日は、何だかいい一日になりそうだぞ」と誰《だれ》しも思うだろう。また、次々に起き出してくる家族が、みんな笑顔であれば、誰だって、「さあ、今日も一日、頑張るぞ」と張り切るはずだ。

私は子どもの頃は、実をいうと、親に「おはよう」と挨拶することができなかった。親も「おはよう」と声を掛けてくれることはあまりなかった。貧しい農家だったから、毎日働きづめの生活で、そんな心の余裕がなかったのだろう。

いまにして思えば、だからこそ明るく、元気に一日を過ごすためにも挨拶をし合うべきだったのだ。だから私は、自分の子どもたちには小さい頃から、必ず自分から声を掛けてやるようにした。

朝、むずかって泣きながら起き出してくる子どももいるが、それでも構わずに「おはよう」といってやる。すると、子どもも泣きやんで挨拶を返してくれる。それを継続していくと、やがて子どもたちのほうから挨拶をするようになる。

たった一言「おはよう」と挨拶を交わし合うだけで、気持ちが晴れやかになるし、また、子どもたちの機嫌とか体調なども分かるようになる。その意味で、私は挨拶は非常に大事なものだと思っている。

練習においても、まったく同じだ。練習が好きで好きで堪《たま》らないという選手も中にはいる。だが、大方の選手にとっては、練習はきついものであり、程度の差こそあれ辛いものだ。したがって、どうしても気分が湿《しめ》りがちになりやすい。

そんな気持ちのままで練習に入っても、決して楽しくはならない。身につかない。どうせ同じ練習をするなら、楽しくやったほうがいいに決まっている。

そのためには、どうすればいいか。一番手軽で、しかも絶対に間違いないのが、元気に明るく挨拶を交わし合うことだ。

「おはよう！」

私は、選手と会ったらまず挨拶をする。すると、選手も「おはようございます」と返事してくれる。そのときには、シュンとしていた選手の表情もパッと明るくなっている。

たった一言に過ぎないが、声を発することによって、気持ちが外側に向かって広がっていくのだ。もちろん、選手同士で声を掛け合うことにも同じような効果がある。連帯感が確認できるのである。

「また、今日もみんなと一緒に楽しく練習ができる」

私自身も含めてみんなが、そういう気持ちになることが大事なのだ。だからこそ、私は練習を始めるに当たっては、まず元気な挨拶から始めるようにしている。

挨拶といっても、黙礼だけの挨拶では意味がない。ちゃんと顔を上げて、声を出すことが肝心なのだ。

寝ぼけ顔の選手も、気乗りのしていない選手も「おはよう！」「おはようございます！」と声を掛け合うことによって、練習に向けて気分が高まって行くのである。

挨拶なんかどうでもいいじゃないか、と思われるかも知れないが、私はそれは間違いだと思う。

元気な挨拶こそが、充実した一日の、効果が期待できる練習の、いいスタートを約束してくれるのだ。私はそう信じている。

「私がいちばん強いんだ」という自信

スポーツの練習というと、スケジュールがきっちりと組まれ、死に物ぐるいになってそのとおりに実践するというイメージを持たれるかも知れない。

私の練習方法はまるで違う。いつでも、とぼけたことを言いながら、和気藹々《わきあいあい》とした雰囲気の中で、選手の自主性を尊重し、それぞれの体調に合わせて自由な形でやっている。

「火事場の馬鹿力」といわれるように、人間はいざとなると思い掛けない大きな力を発揮する。逆にいえば、誰でも「火事場の馬鹿力」を潜在的に持っているということだ。

その力をレースにおいてフルに発揮できたら、素晴らしい成績を修《おさ》めることができるだろうが、現実はそうたやすいものではない。持てる力を十分に発揮できない選手が多いのだ。

練習ではいいタイムを出しているのに、本番のレースになると、どうしてもいい成績が残せない。残念ながら、そういう選手が多い。

なぜなのだろうか。私が思うに、「やらされている」という受け身の感覚で練習をしているからではないだろうか。

選手が「自分から進んでやっているんだ」と思えるような、自発的で積極的な形を取らないと、本番で力を出すことができないのではないかと思う。だから私は、練習を始めるにあたって選手にいつもいっている。

「練習はほかでもない自分のためにやるものなんだ。自分でもう少しいいタイムを出したいと思ったら、精一杯頑張ってみたらどうだ」と。

監督やコーチのなかには「何が何でも勝たなければならない」ということで、選手以上に緊張したり、固くなっていたりする人がいる。それでは、どうしても選手まで緊張してしまう。

ある程度の緊張と勝つことに対する強い執着は絶対に必要だが、度を越すと選手にまで悪い影響を及ぼし、結局は選手が自分の力を出し切れないで終わってしまうことになる。

私のやり方は、選手自身に「自分がいちばん強いんだ」という自信を持たせるようにすることだ。選手はどうしても監督を自分より上の存在として見がちになる。

「監督にはかなわない」

選手がそんな意識を持ってしまったら、伸びる可能性のある力も伸びなくなってしまう。

たとえば高橋にしても、初めて私のところに来たときは、ガチガチになってしまっていて、何をやっても駄目だった。

そこで私は、時々ズッコケて見せたり、とぼけたことをいってやったりした。そうすると、彼女は「あれ？」と思わずにはいられなくなる。

「もしかしたら、監督って、本当は神様でも何でもないんじゃないか」

そう思うようになってきたら、しめたもの。

「おまえ、ほんとに強くなったね。ボクなんか、もうついていけなくなってしまったよ」

その一言が決め手になる。選手は「私がいちばん強いんだ」と自信を持ち始め、ついには確信するようになっていく。

私は、選手に自信を持たせるのが、監督の役目なのではないかとさえ思っている。だから、「おまえは強いんだよ」とことあるごとにいい聞かせているのだ。

本心をちゃんと口に出して伝える

選手を褒《ほ》めて自信を持たせることは大事だが、それが単なるお世辞であってはいけない。私が褒めるという意味は、あくまでも本当のことをいってあげるということだ。つまり、本心を伝えるのである。

自分自身のことを考えても、先輩の方々から「小出さん、よくやってるね」といわれたらやはりうれしい。それとは反対に、こっちは一所懸命やっているのに、「もう少し何とかならないのかね」などといわれたら、「この野郎！」と思ってしまう。

選手は誰でも、精一杯頑張ってくれているのだ。だから、選手とすれ違ったときには、「よく頑張ってくれてるね。体を壊さないようにしてよ」などと私はいってあげることにしている。それはお世辞でも何でもない。本心である。

日本人はともすると、いちいち口に出さなくても、思いは通じるだろうと思いがちだ。が、私は絶対に口に出すべきだと思っている。

心で思っているだけで伝わる場合もあるだろうが、それはむしろ例外だ。通じない人がほとんどなのだ。

だから、私は言葉を惜しんだりしないで、思っていることは素直に口に出していう。とくにタイムが伸びないので落ち込んでいる選手などに対しては、積極的に声を掛けてやる必要がある。

「おまえはよく頑張ってるよ。ただ、いまはちょっと疲れてるようだな。だけど、心配することはないぞ。ちょっと休めば、すぐに回復するからな」

こういう言葉を掛けてあげることによって、自信を持たせることが大切なのだ。むろん、見え見えのお世辞であったら、選手も素直には聞いてくれないだろう。

しかし、私の場合は、つねに「この子は」と思いながら指導しているから、真意が間違いなく伝わるのだ。

選手ができないのは監督の責任

女性選手の場合は、ボーイフレンドのことで悩んでいたりすることも結構ある。

恋人がいると、うまくいっているときはいいが、悪くなってくると、そのことしか頭にないから、ぜんぜん走りのフォームにならなくなる。見ていて気の毒なくらいだ。

私は、そういう選手に対してはどんどん声を掛けるようにしている。

「何かあったの？」

「何もありません。ただ疲れているだけです」

「そうか、それならこういうものを食べてみな」

そんなふうに、さりげなくアドバイスしてやる。

素直な選手だと、「はい」と返事してくれる。そして、

「疲れているんだったら、休んでもいいんだよ。練習はいつでもできるんだし、体が悪いときは、やれといわれてもできるもんじゃないんだから、休んじゃえ、休んじゃえ」

といってやると、ほっと安堵《あんど》の表情を浮かべたりする。

「すみません」と頭を下げたりもする。

それでいいと思う。だから私は、決して選手を叱ったりはしない。できない選手に対しても「駄目じゃないか、おまえは」といったりはしない。

「何でできないの？」と訊くのである。

「足が痛いんです」

「そうか、足が痛いんなら、走っちゃ駄目だよ。走ったら治らないから、休んで早く治したほうがいいよ」

そもそも選手が足を痛めたとしたら、それは監督である私の責任なのだ。私が練習メニューを作り、食べ物も「こういうものにしてください」と調理師さんに頼んで作ってもらっている以上、選手の故障や不調は一《いっ》に私の責任である。

だから私が腹を立てるべき相手は選手ではなくて、私自身である。

私がその選手に対してしてやるべきことは、彼女の親になったつもりで、どうしたらいいのかを真剣に考え、教えてあげることなのだ。

選手が満足できるようなチームづくり

監督の中には、「あいつはどんなにきつく叱っても、ボクのいうことはすべて聞いてくれる」といって自慢している人がいる。

しかし、本当にそうなのだろうか。

そういう場合は、えてして選手はうわべだけで「はい、はい」といっていることが多い。監督のいないところでは、精一杯悪口をいったりしている。

その監督は選手を叱ることに自己満足しているだけなのだ。叱られた選手のほうはぜんぜん満足していない。なぜなら、どうしてできないのかを検討し、どうすればいいかというアドバイスが何もないからだ。

監督がすべきことは、選手と一緒になって問題点を洗い出し、解決策を考え出してやることなのだ。いくら頭ごなしに「こうしろ！」といったところで、本人が納得し、自分からやってみようと思わなければ、何にもならない。だから私は、ただ単に叱り飛ばしたりするようなことはしないようにしている。

私はチームをスタートさせるにあたって、こう考えていた。

選手たちが、自分の子どもにマラソンをやりたいといわれたときに、「それなら小出監督のチームがいいから、あそこに行きなさい」と胸を張っていってくれるようなチームにしたい、と。

いいかえれば、選手たちが現役のときに十分に満足してくれるようなチームをつくるということだ。陸上競技というものは、何よりもまず選手自身が満足しなかったら駄目なのだ。監督がただ叱り飛ばすだけでは、選手は決して満足するはずがない。一緒に問題点を洗い出し、解決策を考え、一つひとつ確実に問題を克服してはじめて満足感を味わえるのだ。

監督が自己満足しても、それは選手にとっては何の足しにもならない。私が追求しているのはあくまでも選手たちが満足してくれるチームづくりだ。

私は監督になって以来、一貫してそれを念願しつづけているのである。

徹底的な練習が自信を与える

どんなスポーツの選手も、スポーツとは関係のない人も、自信を持つことは非常に大事なことである。

その自信の裏づけとなるのは、スポーツ選手の場合はしっかりした練習のほかにはない。自分でしっかり練習していれば、怖《こわ》いものはなくなるのだ。

レース会場であがってしまう選手がいるが、それは自信がないからだ。「もうこれ以上はできません」という限界ぎりぎりのところまで練習し、「最高の練習ができた」と満足できるようであれば、どんなに強い選手がいても怖くはない。

要するに、「やるべきことは全部やった」と本人にきちんと自覚させれば、レース会場に行っても、どこに行っても怖がることはなくなるのだ。だから、決してあがることもないし、持てる力をフルに発揮することができる。

かつて有森は「自分で自分を褒めてあげたい」という名セリフを吐いたが、それぐらい徹底的に練習すれば、怖いものは何もなくなる。人間というのは、自然に自信が湧《わ》いてくるのだ。

「監督、私をマラソン選手としてオリンピックに出場させてください」

「よし分かった。ただし、おまえの場合は、普通の人の三倍は練習しないといけない。その覚悟はしておいてもらわなきゃいけないぞ」

「はい、やります。オリンピックに行って、白いテープを切れたら、もう死んでもいいと思っています」

それからというものは、本当に練習に次ぐ練習の毎日だった。

「監督、もうできません。本当に、これ以上はできません」

へとへとになっているその姿は、可哀想になるぐらいだった。しかし、彼女には大きな目標があったから、「練習はもう嫌だ」とはついに一度もいわなかった。まったく手抜きをすることもなく、私が作った練習のメニューをきちんとこなした。彼女は百パーセント満足できるほど練習をしたのである。

万全の準備が彼女に自信を与え、銀メダルと銅メダルを獲得させたのだ。「自分で自分を褒めてあげたい」というセリフは、「よくもあれほどのきつい練習に耐え、ここまでやってこれたものだ」という嘘《うそ》偽りのない正直な気持ちが吐かせたものである。

徹底的な練習は自信を与える。有森は、そのことを実証してみせたのだ。

有森以上にすごい練習をするのが高橋だ。有森の倍以上はしているのではないかと思う。高橋はいま、毎日、五時間ぐらいは走っている。マラソン選手といえども、普通三時間程度が限度だ。男子も含めて、世界でこんなに練習量の多い選手はいないだろう。

彼女の脚はもう女性の脚ではなくて、男性の脚になっている。そういう体になるまでやるのだから、親はたぶん可哀想で見ていられないだろうなと思う。しかも、練習中の高橋は苦しい顔はするものの、決して嫌な顔はしない。むしろ生き生きとした顔つきでやっているのだ。

とにかく高橋は「練習の虫」そのものだ。普通の選手は、練習時間が三時間だとすると、初めの三十分や一時間はゆっくり走る。

ところが高橋は最初から最後まで決して手を抜くようなことはしない。つねに全力投球する。だから、ほかの選手とは比べものにならないほど練習の中身が濃くなる。

練習の量は別にしても、一所懸命さは有森と高橋に共通している。それが一流のランナーになるための条件のひとつであるといえる。

つねに自分の限界に挑戦し、克服することで自信をつけると、本番のレースで大きな推進力を与えてくれるのである。

選手のバイオリズムを把握する

練習がきちっとできていないと「もうちょっとやっておけばよかったな」という悔いが残るから、どうしても不安になってしまう。

自信がないから、レース会場でもそわそわしたりすることになる。そんな精神状態では、まともに戦うことなどできるはずがない。戦わずして、白旗を上げているようなものである。

どこかに故障を抱《かか》えている場合も同じである。どうしても不安がつきまとうので、無意識のうちに走りにブレーキが掛かるのだ。

またなぜか、同じぐらいの力を持った選手がいた場合も、選手は緊張しやすい。適度な緊張であればプラスにもなるが、度を越すとマイナスにしかならない。

そういうときはなるべく緊張感を和《やわ》らげてあげる必要がある。もちろん、それは監督の仕事である。

「大丈夫だ。おまえは調子がいいんだから、どこまでも食いついていけばいいんだよ」

できる限りそばにいて、自信を持たせるようなことをドンドンいってやれば、選手はその気になるものである。

さて、次の課題は、精神と鍛錬した肉体をきちっとかみ合わせることである。

そこで、非常に重要になるのが調整である。体調をベストに整え、筋肉の働きをレースの当日にベストになるようにもっていくのだ。

スポーツ選手の筋肉はとても微妙なものである。オーバーワークでも、逆に練習を早く落としすぎても、確実に筋力が弱くなってしまう。

レースで勝つためには、考えぬいた調整が必要になる。

たとえば、レースの何日前に四十キロを走らせて、何日前に二十キロぐらい走らせて、何日前にスピード練習をやり、レースの前日には何をやるか、という具合に練習のメニューをきちんと決めておかなければならない。

食べ物にしても、レースの前日には何を食べさせたらいいか、ということまで考えなければならない。これが実はとても難しいのだ。

もちろん、調整方法はそれぞれの選手にいちばん合った形にしなければならない。そのためには、選手の体のバイオリズムをきちんと把握しておく必要がある。そこまでやらないと、調整はうまくいかないのだ。だから、非常に時間も掛かるのである。

高橋の場合は、ややもすると早く調子を上げすぎるきらいがある。ハイペースで仕上がってしまい、「ぶっこわれる」心配がある。指導者にとって実は最も勇気がいるのは、スローペースでの調整を決断するときである。ボルダーに来てからも、しばらくは押さえ気味、すなわち八割五分程度の練習をつづけてきた。

筋肉の質を見極める微妙な調整

高橋に関しては、最高のコンディションに持っていくのに、少なく見積もっても一年半ほどはかかる。

何回もいろいろなことをやってみて、彼女にぴったりと合った調整方法を探し出すからだ。それくらい綿密にやらなければならない。

そうして緻密《ちみつ》な計算に基づいて調整するから、高橋はマラソンで失敗したことは一度もない。途中で歩いたりしたことは一度もないし、「ヨーイ、ドン！」で走り出したら、最後までとにかくどんどん走っていく。

しかし、最初の一年間ぐらいは、正直なところ、どんなふうに調整したらいいのかまったく分からなかった。やっとどうにか調整のしかたが分かってきたかなと思えるようになったのは、一年半が過ぎた頃からだった。

高橋は、ふつうの女子選手と比べると筋肉の質が全然違う。彼女の筋肉は、常人に比べ、非常に大きく太い。だからこそちょっとでも練習を休むと、すぐに衰《おとろ》えてしまうのだ。筋力が落ちて、脚がすぐにタランとなってしまう。それは走らせてみれば、すぐに分かる。

したがって彼女の場合は、普通の選手のようにレースの直前になっても、あまり練習量を落とすことができないのだ。他の選手たちがゆっくりジョギングしているときでも、彼女にだけは「もっと飛ばしてもいいぞ」といってやらなければならない。

高橋には、レースの四日前でも二分の一ぐらいの負荷で、ずっと長い時間走らせても大丈夫である。というより、筋力を維持するためにはそうしないといけない。ところが、ほかの選手の場合は、三分の一ぐらいの負荷でゆっくり走らせなければならないのだ。

高橋が二十キロ走るときでも、「この選手は休ませたほうがいいな」と思う選手がいたら、完全に休ませて柔軟体操だけで終わらせることもある。もしもほかの選手たちにも高橋と同じようにやらせてしまったら、間違いなくみんな脚の筋肉がパンパンに張って走れなくなるだろう。

それぐらい高橋は特異な体質をしている。それぞれの選手によって筋肉の質が違うのだから、調整の仕方もみんな違って当然である。一緒くたにしてしまったら、うまくいくはずがない。

そこに調整の難しさがあるのだ。

同レベルの選手を一緒に練習させてはいけない

マラソンの女性選手は、同じぐらい力がついてきたら、一緒に練習させるべきではないと私は考えている。

女性には体調の変化がつきものであり、調子が悪いときにはどうしても負けてしまう。ところが、一般に女性は負けず嫌いで、どんな条件下であれ、いったん負けてしまうと、負かされた相手とは絶対に一緒には練習をしたがらなくなる。

「同じチーム内にライバルを作って、二人で競い合わせたほうがより強くなる」

誰もがそう思うだろう。

確かに、切磋琢磨《せっさたくま》し合える環境は必要だ。しかし、私はその説に対してははっきりと、「それは間違っている」と断言する。

私の経験では、どちらか一方が強くなり、成績が上がってくると、必ずもう一方は潰《つぶ》れる。二人が歩調を揃えて強くなるということはまずない。

だから私は、力が拮抗《きっこう》してきた選手たちは、できるだけ切り離すようにしている。練習もそれぞれに単独でやらせるのである。ひとりだと夢中でやるからだ。

「いいぞ、よくなったね」

練習の成果を見ながら、それぞれに声を掛けてやることも忘れてはならない。そうすれば、ますます自信を持って練習に励んでくれるようになる。

できれば住むところも、合宿も一緒にはしないほうがいい。強い選手だけを集めて合宿したら、お互いにライバル同士だから、「ひとりだけでやらせてください」ということになってしまう。ついにはお互いに相手の顔も見なくなる。

球技のような団体競技だったら、そんなことはないだろう。マラソンはあくまでも個人競技だから、どうしてもそうなってしまうのだ。しかも、女性には男性の想像を絶するような独特の心理があるから、激しい火花を散らすのである。

「なんで、おまえら、仲良くやれねえんだ」

堪《たま》らず癇癪玉《かんしゃくだま》を落としてしまうこともある。女性の世界は、可哀想になるぐらいすごいのだ。

したがって、合宿をするときは、強い選手とワンランク下の選手を組み合わせるように気を遣《つか》う必要がある。性格的に単純明快であればなおいい。強い選手にとっては全然毒にならないからだ。

高橋クラスの選手でも、合宿となると、やはり一緒に組む相手としては格下の選手を指名する。もしも力が拮抗した選手と一緒にさせたりすると、やはりおもしろくなくなるし、「ひとりでやらせてください」ということになる。

よそのチームでも、ライバル同士と目される選手は同じ合宿には参加させないようにしているようだ。

したがって、「同レベルの選手は引き離しておいたほうがいい」というのは、女性チームを預かる監督の共通した認識になっているのではないかと思う。

もっとも、ライバル意識を剝《む》き出しにするのも現役時代だけで、引退してしまえばまた元どおりに仲良くなれるのだ。

女心にえこひいきは厳禁

かつて有森を指導していたとき、こんなことがあった。

「監督はやっぱり有森さんが可愛いんでしょ」

有森と同様にチーム内ではかなり実力のある選手がそういうのである。

「そんなことないよ。みんな同じじゃないか」

もちろん、私にはえこひいきした覚えなどまったくない。しかし、いくらいって聞かせても、彼女はついに分かってくれなかった。

女性選手の場合は、ちょっとでもひとりの選手に特別に目を掛けてやったりすると、それがえこひいきに見えてしまうのだ。女性チームを預かる監督にとっては、その辺も非常に難しいところである。

そこで、私はどうしているかというと、いちばん年上の選手のところに行って騒いだり、逆に入部してきたばかりの女の子と話をしたりするようにしている。当たり障《さわ》りがないからである。

間違っても、中堅の選手の中の特定の子にばかり話し掛けたりしてはいけない。必ずその選手のライバルが「フン！」とへそを曲げてしまうことになる。その辺のコントロールが実に難しい。下手《へた》をすると、チームがばらばらになってしまいかねないのだ。

そういうときに頼りになるのが、チームの中でいちばん影響力を持っている選手である。最終的にチームをひとつにまとめてくれるのは彼女だから、彼女には絶対にへそを曲げさせてはいけない。私は、彼女のところに行って冗談をいったりして、友好的な関係が維持できるように努めている。

まとめ役の選手に話をするときは、ひとりだけ呼んで話しても問題にはならない。ところが、中堅層の選手の場合は、絶対にそれをしてはいけない。えこひいきと思われるからだ。公平に、みんなを呼んで話すようにしたほうがいい。

私としては、できればひとりずつ呼んで、それぞれの選手に適切なアドバイスをしてやりたいと思う。

ところが、それをしようと思っても、たとえば何かの都合で、五人いるうちの三人までしか話してやることができなかったとしたら、残りの二人にとってはおもしろくない。結果的に、かえって逆効果になってしまう恐れがあるのだ。

他の選手と自分を比較させない

チームを預かっている監督にとっては、チーム全体のレベルアップも考えなければならない。そのためには、チームの雰囲気《ふんいき》をよくし、それぞれの選手が力をつけるようにしなければならない。できる選手だけをちやほやしていたら、それ以外の選手はおもしろくなくて辞めていってしまう。あるいは、チーム内にグループができてしまい、チームとしての雰囲気が悪くなってしまう。

こんなケースがある。ぐんぐん力をつけてきた選手がいて、ほかの選手を次々に追い抜いていった。すると、追い抜かれた選手同士が手を組んで、一種のグループを作り、追い抜いていった選手を仲間外れにしてしまったのだ。

チームの雰囲気というものは、ちょっとしたことで思いも掛けないぐらい大きく変わってしまうことがある。だから私は、みんなによくこういっている。

「ほかの人と比較するんじゃないよ。比較しちゃ絶対に駄目だよ。いつでも、自分がいまより強くなることだけを考えなさい」

自分をほかの人と比較すると、どうしても勝ち負けにこだわることになる。もしも負けたら、自分が嫌になってしまう。

たとえ負けはしなくとも、相手が強いと、そちらのほうにばかり目がいき、ストレスを溜《た》め込んでしまうことになる。つねにイライラした状態がつづき、しまいには選手としては駄目になってしまう。

別のケースもある。たとえば私がAという選手と話をしているとしよう。すると、それを目にしたBという選手から、こういう批判が出てきたりすることがある。

「監督はAさんとはよく話をしているけど、Cさんとはぜんぜん話をしてあげないんですね。それって、おかしいんじゃありませんか」

とんでもない誤解である。他の人と比較をしたりすると、こんなふうになってしまうことがあるのだ。選手にとっては、何のプラスにもならない。

監督としては、そんなことを考える暇《ひま》があったら、もっと練習に打ち込んでほしいといいたいところだ。

だから私は、「自分が強くなることだけを考えなさい」と口を酸《す》っぱくしていっている。

目を掛けてあげれば必ず心が通じ合う

私にとっては、選手たちは我《わ》が子と同じだ。

選手たちを、彼女たちの親から預かっているのである。親の気持ちになって考えれば、誰もが自分の子どもを可愛がってもらいたいはずだ。したがって私はいつも、彼女たちの親になったつもりで接するようにしている。

ランナーとしての力量を見ると、確かに個人差はある。だが、それは選手の責任ではなくて、監督である私の責任だ。

私にとっては、彼女たちは何よりもまず、力量とは関係なく、みんなが可愛い我が子なのだ。だから、とにかく誰とでも顔を合わせたら同じように声を掛けてやるようにしている。もちろん、私の得意の冗談まじりのおとぼけ調だ。

「いつも頑張ってるから、おまえは本当に強くなったね。おれ、おまえのファンになっちゃったよ」

褒められたら、誰でもうれしくなる。

「エッ、ほんとですか。うれしい。私も監督のファンなの」

こんな調子で、私は選手たちと気軽にコミュニケーションを取るようにしている。

そうやって目を掛けてやれば、選手たちは必ず一所懸命やってくれるようになる。

「頑張れ！」

と私がいうと、それこそ倒れるまで走ってくれる。そういう意味では、選手たちを可愛がってやれば、間違いなく監督としての自分に跳《は》ね返ってくる。

可愛がってあげれば、必ず心が通じる。監督と選手の間というのは、心が通じなかったら駄目だ。信頼感というのは、そういうものだと思う。

合宿先で私が自分の洗濯物を洗濯機に入れておくと、選手がいつの間にか全部洗濯してくれて、私の部屋のあちこちにハンガーに吊《つる》して干しておいてくれたりする。

「おっ、悪いね」

「別にどうってことありません。ついでですから」

「そうか、お前の将来のための練習にもなるしな……」

私はそんな感じで選手たちとつき合っている。高橋との場合でも同じで、私はいつもからかったり、騒いだりして楽しんでいる。

北海道でのハーフマラソンに参加したときには、こんなことがあった。

「今度のレースで一時間九分二十秒を切ったら、美味《おい》しい寿司屋を知ってるから、そこへ連れてってやるぞ」

そんな約束をしたのだ。高橋は一時間九分十秒でゴールした。私が駆け寄ると、彼女は「お寿司！」と一言いってにっこりした。実に可愛いものだ。

高橋は最近、私のことを「親でもないし、兄妹でもないし、友だちでもないし、恋人でもないし、とにかく不思議な存在です」といっているようだ。

彼女なりに私への信頼感を表現したものだろうと解釈している。

「一流選手」だった指導者の勘違い

「一流選手必ずしも一流監督ならず」とはよくいわれる。

私もそうだと思う。マラソンでも他のスポーツでも、一流選手だった人が監督になったとしても、一流の選手を新たに育てられるとは限らないのだ。

一流選手だった人は、どうしても自分がやってきたことがいちばん正しいと思い込んでいる。自分がやってきたことを、そのままほかの選手にも当てはめようとしてしまうのだ。

「おれはこうしてやって来たんだから、おまえたちもそうすれば、おれのようになれるんだ」

というわけである。

だが、人間の体は一人ひとり違うのだ。筋力も違えば、柔軟性も違う。また性格や考え方も違う。その違いを無視して、一律に自分のやり方を押しつけてもうまくいくはずがない。

私は決して一流のランナーではなかった。しかし、走ることが大好きだったから、「何とかして速く走れるようになりたい」という思いは誰にも負けなかった。

その一心で、数多くの選手の走り方や練習の仕方などを研究し、自分の練習に積極的に取り入れた。自分なりに一所懸命に工夫して、いろいろな練習も積み重ねてきた。

とくに私にとって貴重で参考になる練習方法を教えてくれたのが、順天堂大学の陸上部に入部した当時、監督をしていた帖佐寛章さんだった。当時では日本一の、いや世界一の素晴らしい練習方法だったと思う。

私は、それに様々な方法で収集した種々の情報を組み合わせて、自分なりの練習方法を確立したのである。

したがって、私には、レースの何ヵ月前にはどういうところで、どういう練習をしたら力がつくか、一週間前にはどんなものを食べて、どんなふうに休んだほうがいいか、ということがよく分かるのである。

その意味では、私は一流選手だった人よりは監督に向いているかも知れない。

勝算も正しい練習の裏づけあってこそ

私の指導法は「小出マジック」とよく称される。私の言葉は「魔法の言葉」だそうだ。だが、私自身は決してマジックとも魔法とも思っていない。

確かに私は有森を育て、鈴木博美を世界選手権に優勝させ、そして今度は高橋に金メダルを取らせようとしている。

鈴木博美はまだ十三歳のときに私が見つけ、高校一年生ぐらいのときから、「この子は将来世界一になるよ」と断言した。彼女はそのとおりになった。

高橋についても、まだ無名の頃から、私はマスコミ関係者に「この高橋は必ず強くなるぞ」と事あるごとにいっていた。彼女もそのとおりになった。

いずれも私の言葉どおりになったから、みんなは不思議に思ったらしい。だから「魔法の言葉」と呼ばれるようになったのだ。

だが、魔法ではない。高橋の走り方や性格、さらには高橋尚子という名前の画数などを見て、私には分かっていたのだ。その上で、ちゃんと勝つだけのことをしてきている。ぜんぜん不思議なことではないのだ。

高橋は、バンコクで行われたアジア大会で、道路に陽炎《かげろう》が立ち上るほどの猛暑の中を二時間二十一分で走った。誰もがびっくりした。

「小出のヤツ、口がうまいから、またうまいこといって、高橋を乗せちゃったな」

そう思った人がたくさんいたに違いない。うまいことをいって乗せるのは、いつもの私の手だが、それだけではない。

気温が四十度以上にもなるバンコクで、二時間二十一分で走るためのトレーニングをきちんと積み重ねてきたのだ。だから、私にしてみれば、高橋の優勝も、タイムも当然の結果でしかない。

ふだんあまり練習をしない人が、大きなレースにポンと出て優勝できるはずがない。緻密な計算と、練習で培《つちか》った力とスタミナ、さらには精神的な強さがないと勝てないのだ。

私は、彼女に勝つための練習をちゃんとさせていた。第三者の目から見たら、「マジック」を使っているように見えるかも知れない。

だが、私にとってはちゃんとした裏づけのある当然の結果でしかないのだ。

なぜ予想タイムが正確にあたるのか

高橋を初めて指導するようになったとき、私は彼女をいきなりニューメキシコに連れて行った。彼女が、私に指導してもらいたいということで、リクルート陸上部に入ってから半年ほど経ってからのことだった。

その間、実をいうと、チーム運営上のやっかいな事情があって、私は高橋とはほとんど口をきいていなかった。「元気かい？」とか「頑張れよ」という程度だった。

それが、いきなりのニューメキシコ行きになったのだから、彼女はうれしかったようだ。加えて、私に「お前は強くなるよ。絶対に強くなるよ」といわれるものだから、彼女はますますうれしくなった。同時に、私の言葉を信用するようになったのである。

自分の言葉を選手に信用してもらい、熱い気持ちが通じれば、きっと選手は期待に応《こた》えてくれるようになる。

事実、高橋は京都での全国都道府県対抗女子駅伝では区間で三番に入り、タイムも二分ほど縮めた。さらに順天堂での記録会で五千メートルを走らせたら、十五分四十八秒という記録を出した。

「高橋、お前なら、十五分四十八秒ぐらいの記録は出せるぞ」

レースの前に、私は高橋にそういったが、彼女はそのとおりに走ってくれた。

一万メートルを走ったときも、私の予想とわずか一秒か二秒しか違わなかった。

毎日、彼女と一緒に練習しているのだから、私には彼女がどれぐらいの記録が出せるか分かるのだ。そして、実際にそのとおりになるのだから、彼女も私の言葉をますます信用せざるを得なくなる。

北海道のハーフマラソンのときも、私はちゃんと勝てるような練習をさせていたのだ。

「高橋、最初から行くぞ」

高橋は私の指示どおりに走り、当然の結果を出してくれた。

かつて高橋は、シューズにはほとんどこだわりを持っていなかった。どんなシューズでもいいと思っていた。ところが、「マラソンにはこのシューズがいいよ」と私がいったら、それ以後はそのシューズしか履《は》かなくなった。

高橋は、本当に素直に私の言葉を聞き入れてくれる。

監督と選手の間では、無条件の信頼関係が絶対に必要なのだ。

タイミングを見計らった簡潔な言葉を

高橋尚子は、一九九七年のアテネの世界選手権で五千メートルの決勝に進出した。そのスピードのある走りを見て、私は直感した。

「間違いなくシドニー五輪のマラソンでメダルを狙《ねら》える素材だ！」

彼女は、私の勧めに従ってマラソンに転向した。もちろん、彼女はマラソンにすべてを懸けるつもりでいたし、練習にも一所懸命に取り組んでいた。

ところがその頃、私は別の若い伸び盛りの選手のトレーニングに多くの時間を割《さ》かざるを得ない状況だった。高橋には申し訳なかったが、どうすることもできなかったのだ。

そのうち、彼女は私に目で不安や不満を訴えるようになった。そして、その不安は日毎《ひごと》に大きくなり、やがてすっかり元気もなくなってきた。

もうそろそろ潮時だな。そう思った私は、合宿所にいる彼女に電話した。

「高橋、しっかりしろ！」

「私、もう監督に見捨てられたのかと思って……」

「何を馬鹿なことをいってるんだ。おまえにはもともと素晴らしい素質があるんだから、もっとしっかりやれ」

「最近、太ったり、走れなくなったりしたから、監督に見放されてしまったんじゃないかって……」

「そんなこと、あるわけないじゃないか。おまえは、ゆっくりやりながら体を休める時期なんだ。だから、いまのままで大丈夫だ。心配するな」

「そうですか。じゃ、私、監督に見捨てられたわけじゃないんですね。うれしい！　監督、これからしっかり頑張ります。だから、お願いします」

彼女の声は弾《はず》んでいた。これで大丈夫だ。

タイミングを見定めた上での適切な言葉は、指導するときの重要なポイントである。早すぎてもいけないし、遅すぎたらもっといけない。いちばんいいときを見計らって、ズバッと直球でいくのだ。

そんなときは、決して愚痴《ぐち》をいったりしてはいけない。言葉は明瞭で簡潔であればあるほど、相手の胸に染《し》みいりやすいものなのだ。

私はまた、相手を安心させるために、こんなことをいうことがある。

「おれは、てっきりおまえに捨てられたと思ったよ。おれのことが嫌いになったのかと思って、心配してたんだ。そうじゃなくて安心したよ。じゃ、おれももっと頑張るから、おまえも頑張ってくれるかい」

これで信頼関係は回復する。

胸に染みるような言葉をタイミングよく！　これが指導における鉄則である。

修業している者に自主性は必要ない

「私は、練習は選手の自主性に任《まか》せている」と誇らしげにいう指導者がいる。

はたして、それは誇るべきことなのだろうか。

はっきりいわせてもらえば、「選手の自主性に任せる」ということは、「指導者の無責任」を自分から認めるようなものである。つまり、指導者はそれを逃げ道にしているにすぎないのだ。

もちろん、世界中をくまなく探せば、自主性に任せても立派にやっていけるような逸材《いつざい》はきっといるだろう。だが、天才はごくわずかの例外であり、自主性だけで成功を収められる人はほとんどいないはずだ。

「修業している者に自主性は必要ない」

ちょっと極端な言い方かも知れないが、それが私のモットーである。

確かに、高いモチベーションを抱き、自ら「やる気」を持って意欲的に取り組むことが、物事を成就《じょうじゅ》するためには何よりもまず必要である。現に、いろいろな分野で成功を収めている人たちを見てみると、必ずといっていいほどに非常に強い自主性を持っている。だが、自力の勝負だけで十分かというと、決してそんなことはない。彼らにはサポートしてくれる人が必ずいるのだ。まわりを固める人たちがいなければ、彼らの成功もおぼつかなかっただろう。

自分がやりたいときに、やりたいだけのことをやる。そんな無計画さで、世界を相手に戦えるほどに強くなれるのなら、こんな楽なことはない。現実は甘いものではない。

真の実力者を目指そうと思ったら、それこそ世界中からあらゆる情報を集め、様々なブレーンやサポーターたちの協力を得たうえで、なおかつ死に物ぐるいの練習が必要なのだ。実力者と呼ばれる人たちは、ほとんど例外なくそのようにしている。

私が自主性を多少なりとも評価するとすれば、選手が「私の自主性に任せてください」と指導者に申し出た場合である。もっとも、その場合でも、一応「やる気」や「積極性」の表れとして評価するだけである。

たかだか八十年の人生の中で、修業できる時期はきわめて限られている。その限定された時間を、「自主性に任せてあげる」指導者のもとで、「自主性に任せていただきます」という形で過ごしてしまったら、実に不幸なことだと思う。

自主性というと、すぐに個人を尊重してくれるというふうに捉《とら》えがちだ。しかし、勝負の世界で個人を尊重するとは、その人が持っている能力を尊重することだ。

すなわち、自分の力だけでは引き出せないでいる可能性を、何とかして引き出してあげることである。自主性だけで能力を伸ばそうとしても、自《おの》ずと限界がある。

だからこそ、私は「修業している者に自主性は必要ない」というのだ。

指導者も選手も、「自主性」という言葉が持つ甘い幻想に惑《まど》わされてはいけない。

第四章

これが世界に勝つ戦略だ

なぜ優秀な人材が集められるのか

「人材がすべてです」とは会社のトップがよく口にする言葉である。スポーツの世界でも同じだ。

レースに勝つためには、まず素晴らしい素質を持った人材がいなければならない。

順天堂大学といえば、いまでこそ箱根駅伝ですっかり有名になっている。ところが、私が陸上競技部に入部した当時は、十五校中十何番目かだった。

「さあ、練習を始めるぞ」

監督がそういっても、選手が揃っていない。先輩があわてて、後輩に命ずる。

「おい、早くパチンコ屋へ行って、みんなを呼んでこい」

こんな状態だったから、勝てるはずがない。

それでも私が三年生のときに五位になり、四年生のときには三位に入った。少しずつ強くなっていき、初めて優勝したのは、私が卒業してからのことだった。それ以来つねに上位に名を連ねるようになった。

なぜ強くなったのだろうか。高校のチャンピオンが二人、三人と入ってきたことが大きな要因のひとつである。優秀な選手が集まれば、練習にも熱が入るようになるから、自然に強くなるのである。

その後、帖佐監督が積極的に全国から優秀な選手を集め、徹底的に練習させた。昭和四十年代には本当に強くなり、箱根駅伝で何連勝もし、全日本や関東のインターカレッジでも優勝している。

つまり、優秀な選手が入ってくれれば、雰囲気も変わり、みんなが切磋琢磨《せっさたくま》するようになる。結果的に、個々の選手のレベルが上がり、全体のレベルも上がるのである。

とにかく勝とうと思ったら、まず優秀な人材と巡《めぐ》り合うことである。

私は四十年近くも優秀な選手を探しつづけてきた。だからお天道様《てんとう》が「あんなに頑張ってるんだから、ここらでそろそろ褒美《ほうび》をひとつやろうか」ということで、高橋との出会いを準備してくれたのではないかと思う。

裏表なく頑張って生きていれば、必ず何かいいことがあるのだ。それを信じて、私はなおも人材探しをつづけていくつもりだ。

「早い者勝ち」で金メダルを狙《ねら》う

昭和四十年に私は教員になった。その時点で、私は「これからはスポーツも女子の時代になる」と本気で思っていた。

何であれ競争は「早い者勝ち」が原則である。誰《だれ》もまだ手をつけないうちに、いち早く知識を蓄え、しっかりと準備をしておけば、必ず勝てるのだ。

いまに高校生女子にも、三千メートルとか五千メートルという長距離種目ができるはずだ。そう考えて、私は女子の生理がコンディションに、あるいは体の機能にどういう影響を与えるかを観察し始めたのである。

その結果、生理の二、三日前あたりから体がむくみ始めるとか、体重が増えてくるというようなことが分かってきた。生理が始まって一日目は走れるが、二日目になると走れない。三日目になったら、試合に出ても大丈夫だ。八日目頃に試合に出すと、急性貧血になったり、ホルモンのバランスが悪くなっているから、いい成績は上げられない。

女子選手と一緒に練習をしながら、そういう観察と分析をずっとつづけていたのだ。そして、やっと二十年後に三千メートルが正式な種目となった。

「いよいよ、時機到来だ！」

私にはもちろん自信があった。長年にわたって地道に蓄積してきた知識やノウハウがあるのだ。絶対に負けるはずがない。

「一、二、三位を独占するぞ！」

結果は、「一、二、四位」だった。宣言どおりではなかったが、「早い者勝ち」は見事に証明されたわけである。

私が女子マラソンの監督をするようになったのも、実は、女子ならまだ歴史が浅いから、「早い者勝ち」でいけるチャンスがあると思ったからだ。

男子はもうすでに相当にレベルが上がってしまっているから、オリンピックで金メダルを取るのはなかなか難しいだろう。

だが、女子だったらまだ金メダルを取れる可能性は十分にある。なにしろ、私には、女子の練習の仕方を知り尽くしているという自信があった。

これまでのところ、ほぼ私の読みどおりになっている。何としてでも、オリンピックでも「早い者勝ち」を証明したいと思っている。

自分の信念を貫き通す頑固さ

「どうせやるなら、何でも一番になれ。いいことでも、悪いことでも、とにかくやるなら一番になれ。一番になれないなら、ワルになんかなるんじゃないぞ」

私は小さい頃から、祖父にそう教えられていた。

祖父ゆずりかも知れないが、私の頭の中には中学生の頃からつねに「よーし、おれは日本で誰もやってないことをやってみせるぞ」という考えがあった。少年時代の刻印がいまだに残っているのである。

「おれは何としてでも、最後には一番になってやる」

その気持ちを持っていると、人間というのは不思議にもどんなことがあっても頑張れるのだ。そして一所懸命に頑張れば、きっと何とかなるということも、私は自分の体験から学んだ。

「いまにきっと世界一の選手と巡り合ってみせるぞ」

そう思っていると、本当に才能のある選手が近づいてくるのだ。高い望みを持ち、いつでも頭の中に思い描いていると、いつか現実となるのである。

夢を実現するためには、ずっとその願望を持ちつづけていなければならない。私はもう四十年以上も持ちつづけているのだ。

「陸上なんて、一銭にもならないし、飯が食えるわけでもないんだから、やめろ」などと心ない人にくさされたこともある。

表面では「うん、うん」といいながらも、陸上が何よりも好きな私は、「絶対にやめるもんか」と内心では思っていた。

練習方法についても、私はいろいろな非難を受けた。

「また故障者かい、そんなにしょっちゅう故障者が出るような練習じゃしょうがないじゃないか」

人間は、自分がいちばん正しいと思っているから、他人に対しては勝手なことを平気でいうものだ。そんな気まぐれをいちいち気にしていたら、何もできなくなってしまう。

「そうだよ、また故障者だ。まいった、まいった」

そんなふうにしながらも、馬耳東風《ばじとうふう》と自分の練習を継続していくと、やがてだんだんに選手が力をつけてくるようになる。一人、二人と、光る選手が増えていく。

何事も継続である。私もこれまで自分の信念を貫き、自分の練習方法を継続してきたからこそ、いまでも頑張れるのだ。棚《たな》からぼた餅《もち》が落ちてきたりするような、偶然の幸運に恵まれるようなことはないのだ。

人間なんて勝手なもので、有森が銀メダルや銅メダルを取ったり、高橋が優勝したりすると、いままで私をさんざん批判した人が、今度は掌《てのひら》を返したように賞賛し始める。

そんな経験を何回もしてきたから、私は、自分で何か一つのことをやり遂《と》げようとしたら、ある程度信念を持って貫かなければ成功しないと知っている。いいかえれば、頑固であるということである。信念がないと、どうしてもあっちに流されたり、こっちに流されたりすることになる。

勝つために、頑固さもまた必要なのである。

強運も努力があって初めて生きる

私はこれまでに実にたくさんの選手を見てきた。その上で思うことは、やはり強運な選手はどこまで行っても強運だということだ。

いくら能力的には優れていても、強運な選手には勝てない場合がある。たとえば有森は、鈴木や高橋と比べると、走る素質という面では格段に劣《おと》っていた。実際に走らせても、三十キロでも、四十キロでも鈴木のほうが強かった。だが、アトランタオリンピックの選手として選ばれたのは有森だった。

彼女が初めて選抜されたバルセロナオリンピックのときも、本当は松野明美選手に負け、記録も二分ぐらい差をつけられていた。それでも、最終的には彼女が選ばれた。

有森にはほかの選手にはない強運が確かにある。たとえば彼女が候補選手に挙がってくると、有力な選手がケガをして走れなくなったりするのである。

本当に不思議なことだ。だから私は、運というものは確かにあるのだと思う。

「もともと強運を持っている」となると、何の努力をしなくても、最初から勝者になることが決まっているかのように思われるかもしれない。だが、決してそんなことはない。ひたむきな努力をしたり、我慢したりすることによって、運がよくなるのである。努力を積み重ねることによって、もともと持っていた運が少しずつ形となって現れてくるのだと思う。

勝つためには、選手がいくら優れた能力と強運を持っていたとしても、それだけではまだ十分ではない。強運を持った指導者と巡り合わないといけないのだ。

逆もまた真なり。私は有森、鈴木、高橋など素晴らしいランナーと巡り合うことができた。そこには運命とか宿命とかあるいは僥倖《ぎょうこう》があると思う。だが、それだけではない。

別に自慢するわけではないが、私が懸命に努力しつづけているから、運も回ってくるのではないか。とにかく走ることが飯よりも好きで、一分でも、一秒でもいいからタイムを縮めたいと考えて、私はひたすら努力を積み重ねてきた。そのことが運を呼び寄せてくれているのだと思う。

考えてみると、私は監督として、ほかの監督とまったく違うことをしているわけではない。むしろほとんど同じことをしているだけだ。理論的にも、人物的にも、私より優れた監督はたくさんいるだろう。

それなのに、私のところに素晴らしい素質を持った選手たちが集まるのは、ほかの監督にはない何かがあるからだろう。それは、「運」以外には考えられないのだ。

何の自慢にもならないことだが、私はこれまでに五、六回交通事故に遭《あ》っている。友人にこんなことをいわれたこともある。

「よく生きてるな。本当なら、もう三回ぐらい死んでるぞ」

自分でも不思議で仕方がないが、私は事故では絶対に死なないような気がしている。

鈴木博美には「監督は飛行機が落っこちても、ひとりだけ助かっちゃうような人だ」といわれたことがある。

私が持っているその運が、彼女たちを呼び寄せてくれるのだ。

「おまえ、ずるいよ、みんな持っていっちゃって」

ほかの監督たちからそんな恨《うら》み言をいわれたことがあった。しかし、私は一度も強引に選手を勧誘したことはない。

「おれが持っていくわけじゃない、来てくれるんだよ」

事実、有森にしても、鈴木にしても、高橋にしても、彼女たちのほうから私のところにやって来たのである。確かに運が強いのだろう。私は本当に恵まれていると思っている。

高橋はもともといい素質は持っていたと思う。そして何より、ものすごく素直な選手だったことはすでに述べた。本人は走ることに誰よりも一所懸命だったのだろう。もちろん最初からよかったわけではない。だが、監督は絶対に諦めてはいけない。私は自分には運があると信じていたから、高橋とともにここまでやって来れたのである。

はっきりいって、高橋や鈴木、有森のような人材は、日本にはまだまだたくさんいる。私自身が「指導してみたいなあ」と思う選手も、十人以上は間違いなくいる。

その選手たちも、強運を持った監督と出会えれば、きっと水を得た魚のように、一気に表舞台に飛び出すのではないかと思う。

日本のマラソン界がさらに発展していくためにも、彼女たちが強運な監督とめぐり合うことを祈らずにはいられない。

外国人コンプレックスをなくす方法

　いままで、日本の選手はケニアやエチオピアなどの外国人選手を見ると、「うわっ、強そう」と思ってしまっていた。

　彼女たちは確かに、見た目でもいかにもスピードのありそうな体つきをしている。表情も精悍《せいかん》でたくましそうだ。日本の選手たちは気後《きおく》れしてしまい、レースが始まる前にすでに負けたような雰囲気になってしまうことが多かったのだ。

　選手ばかりでなく、私自身も最初のうちは「これはとてもかなわない」と思ったことがあった。つまり、コンプレックスである。

　監督である私がコンプレックスを持っていたら、選手は私以上のコンプレックスを持つことになる。これでは勝てるわけがない。

　そこで私は、日本の選手たちと一緒に歩いているときに、アフリカやヨーロッパの一流選手に出会ったら、「おう！」と積極的に声を掛けるようにした。気軽に接するようにしていけば、彼女たちも同じ人間、特別な存在ではなくなる。

たとえば、高橋と一緒にいるときに、彼女のライバルであるルーマニアのシモンが夫と散歩しているのを見掛けたとしよう。私は、「ほら、高橋、シモンだよ。旦那《だんな》と一緒だよ」といい、「おう!」と手を挙げて挨拶する。

相手が挨拶を返してくれたら、「彼女とは友だちなんだよ」と高橋にさりげなくいってやる。そうすれば、彼女のシモンを見る目も自然に変わってくる。

「なんだ、私たちと同じってことじゃない。なにも怖《こわ》がることないんだわ」

という具合である。

エチオピアのロバの監督がそばにいたら、「おう、元気かい?」と気軽に声を掛ける。すると、選手も「おっ」となる。

ライバル視していた外国人選手を、まるで自分たちと同じチームにいるような雰囲気にしてしまうのである。いいかえれば、外国人を意識しないようにさせるということであり、彼女たちを単なる同じ陸上競技の仲間だと思うようにさせることである。

外国人選手は確かに手強《てごわ》いライバルではある。しかし、「彼女たちは強いんだ」と思い込んでしまってはいけない。そんな潜在意識は拭《ぬぐ》い去る必要がある。

「彼女たちも、自分たちと同じ土俵に立っている、同じ人間なんだ」

そう思わせることが大事なのだ。常日頃から、心がけていれば誰でもできるようになる。

ハーフマラソン世界歴代二位の記録を持つ、南アフリカのマイヤーという選手がいる。彼女が札幌国際ハーフマラソンに参加するためにやって来たときのことだ。

たまたま私と高橋は、夫と一緒にいるマイヤーとエレベーターに乗り合わせることになった。ふつうの日本選手なら、恐れをなしてマイヤーの前には出ていかない。

ところが、高橋は日頃から「私のほうが強いんだ」と思っているから、「ハーイ、マイヤー、元気?」などといって、とぼけて握手までしている。

そうすることによって、高橋は、「何だ、マイヤーも普通の女なんだ」と確信することができただろう。

その結果、彼女の気持ちはいっそう前向きになり、レースでも勝つことができたのだ。

高橋の理想はぶっちぎりの優勝

物事は難しく考えたらキリがない。単純に考えればいいのだ。

マラソンは見ている人には、抜きつ抜かれつのデッドヒートを繰り広げたほうがおもしろいだろう。だが、選手や監督にとっては大変なことだ。

つねにトップランナーを射程距離に捉《とら》えながら着実な走りをつづけ、チャンスをうかがって一気に抜き去ることは、できないことではない。

どうしても勝ちたいという強い願望があり、しかもすぐ目の前には最大のライバルがいる。そんな状況だったら、選手はいくらでも元気を出せる。

これは何もマラソンに限ったことではないだろう。ライバルがいるからこそ頑張れる、というのは洋の東西を問わず、あらゆる人間に共通する心理だろう。

ところが、一度は相手を抜いたものの、再び抜き返されることもある。このときの選手の精神的なショックは大変なものだ。

いったんは勝利を掌中にしたと確信しただけに、それをひっくり返されると、相手が余計に強く思えてしまうのだ。

「えっ、そんな馬鹿な」

そうなると、どんな一流の選手であっても、再び抜き返すのは至難《しなん》の業《わざ》だ。

だとしたら、スタートからダッシュして、そのままゴールに駆け込むのがいちばん確実なレース運びということになる。これなら、何の駆け引きもいらない。ただひたすらゴールを目指して全力疾走すればいいのだ。

高橋の場合は、一度前にガーンと出たら、もう下がることができないタイプだ。最後まで突っ走るしかない。「行け、行け」でぶっちぎりの優勝が、まさしく彼女の勝ちパターンなのだ。

ただし、この前の名古屋国際では最初の五キロをちょっと飛ばしすぎたので、「これはちょっときついな」と思わざるを得なかった。

そういうときは、いったん後ろに下がって、前を行く選手に風よけになってもらうと楽なのだ。それでもう一度飛び出すチャンスをうかがって、一気に出ればいい。

勝負をかける瞬間の判断は、選手にとってはなかなか難しい。

だが、オリンピックのように強豪が揃っているレースでは、いったん抜かれたら抜き返すのは不可能に近い。となると、高橋の得意の勝ちパターンが、オリンピックでの「勝利の方程式」にいちばん近いということになる。

高橋は本当に強くなった。大舞台でも、ぶっちぎりの優勝の瞬間が見られるかも知れない。

とにかく無類《むるい》の頑張り屋だから、みんなの期待に応《こた》えてくれるものと確信している。

一日五時間走る常識破りの猛練習

高橋尚子は本当によく練習をする。

オリンピックを目前にして、アメリカで高地トレーニングをしたが、彼女の練習好きにはほとほとびっくりさせられた。

ある日の朝、まず近くの山の頂《いただき》まで走っていった。途中までは私も一緒に走ったが、とても追いついて行けないので車に乗せてもらった。

とにかく彼女は速いのだ。私と彼女では、もう兎《うさぎ》と亀みたいなものだ。ついて行こうなどと思っても、どだい無理な話だ。

そんなわけで、私は車で戻ってきて、彼女もちゃんとふもとのスタート地点に戻ったのを確認した。ところが、一時間経っても部屋に戻ってこない。

どうしたのだろうと心配していたら、彼女はその後、ひとりでさらに十キロぐらい走っていたのだ。本当に底抜けにとんでもない選手だ。

またある日は、朝に二時間二十キロぐらい走り、午後も土砂降りの中を平気な顔をして三時間以上走っていた。キロ数でいうと、四十キロ以上は走っていた計算になる。四十キロというと、伴走車に乗っていても、「早く終わらないかな」といいかげん嫌になる距離である。

それよりももっとすごい日があった。

二千五百メートルの高地から、三千メートルぐらいまででこぼこの山道をぐんぐん上って行ったのだ。マラソンなのか登山なのか分からないくらいだ。

山道でも上のほうにはキャンプ場があるので、舗装《ほそう》こそしていないものの、道はちゃんと切り開かれている。そういうところを平気で上って行く。その姿をNHKがヘリコプターでずっと追い掛けていた。

さらに別の日には、朝、いつものとおりに走り、一休みしてから、車も通れないような険《けわ》しい山道を二時間走った。山から山を駆け抜けるといった感じで、まるでクロスカントリーでもやっているようなものだ。

そんな山道を走っているときは、「捻挫《ねんざ》したりするんじゃないだろうか」とハラハラのしどおしだ。大きな石でも、軽率《けいそつ》に足をかけるとコロッと転がってしまうことがあるのだ。

もっとも、彼女自身もちゃんと細心の注意を払っているようで、私が「あっ、危ない！」と思ったときには、咄嗟《とっさ》に避けている。さすがだと思う。

しかし、やりすぎるとやはりケガをすることになるので、ときには休ませないといけない。私がいくら休ませようとしても、私の目が届かないところで練習してしまうから、休ませるのも一苦労だ。

とにかくよく走る。監督の私でさえ、感心させられるぐらいだ。

それほど懸命に練習しているのだから、努力は必ず報《むく》われると信じている。

なぜ「一番」を目指すのか

人間がすることには、何でもきっかけというものがある。

高橋に金メダルを取ってほしいと思っているのにも、ちゃんとしたわけがある。

私は自分の青春のすべてをマラソンに懸けてきた。その後、教員になり、市立船橋に赴任したときのことだった。当時の校長市川恭一郎先生が私にこういったのだ。

「勝負というのは、一番でなきゃいかん。いいかね、二番では絶対にダメなんだよ」

非常に厳しい人だったが、私は、その先生に「勝負は勝たなきゃ意味がない」ということを教えられた。一番になるためには何が必要かというと、まずひたすら懸命に努力しつづけることだ。

日本のプロ野球を代表する好打者イチロー選手は、打率四割の達成を期待されている。

彼がそこまでになったのは、小さいとき父親にバッティングを教えてもらったのをきっかけにして、こつこつと努力しつづけてきたからである。

ミスター・ジャイアンツと呼ばれる長嶋監督にしても、幼稚園の頃おじいちゃんに野球を教えてもらい、以後野球一筋の人生を歩みつづけている。天才といわれはしたが、努力しなかったはずはない。さらに王選手という素晴らしいライバルがいたから、お互いに激しく競い合ったのだ。

イチローにしても、長嶋監督にしても、それぞれに一番になることを目指して頑張っている。決して「二番でいい」などとは思っていない。「前人未踏の記録の達成」「十二球団の頂点に立つこと」というそれぞれの「一番」の目標があるから、死に物ぐるいになれるのだ。「二番でいい」などと思ったら、たちまち闘争心がなくなってしまう。その結果、それ以上は成績も伸びなくなってしまう。

「一番でなければいけない」という言葉には、最後の最後まで自分を奮い立たせ、人生を前向きに生きるように、という意味が含まれている。本当に大事なのは、そこなのだ。

自分の人生のすべてを懸けても悔いが残らないようなものがあると、人間はそれで人生を楽しむことができる。私は、マラソンにすべてを懸けてきて、本当に楽しい人生を送らせてもらっている。毎日、生きていると実感できるのだ。何を食べても、飲んでも美味しいと思うし、汗を流せば気持ちがいい。生きていることが楽しい。

それも、マラソンで「一番になる」という夢があるからだ。

チームの垣根を越えて育てる

監督なら誰でも、自分のチームが勝つことを望んでいる。それゆえ、ほかのチームの選手に対しては冷たくなりがちなものだ。コミュニケーションの機会など、まずないといってよいだろう。

しかし、同じ陸上競技を愛している人間としてなら、時には別のチームの選手にアドバイスすることがあってもいいのではないかと私は思っている。

どのチームに所属していようと関係なく、強い選手がどんどん出てくれば、それだけ日本のマラソン全体のレベルアップに必ずつながるのだ。

せっかく素晴らしい才能を持ちながら、それを生かしきっていない選手に対して声を掛けてあげることは、むしろ必要なことではないかと思う。

ボルダーに合宿に行っているときのことだった。そこには、私のチームをはじめ日本の企業のチームがたくさん集まっていた。

ある日、山口衛里選手の姿が私の目に留まった。その瞬間、「この子は強くなる」とぴんと来た。

彼女は私のチームの選手ではなかったが、「練習があまり好きな子ではない」という話は聞いていた。記録も期待されているほどには伸びていなかった。

「おい、山口、ちょっとこっちへ来い！」

ちょうど食事中だったので、酔ったおじさんを装って声を掛けると、彼女は素直にやって来た。

「山口、おれに嘘《うそ》をつかれたつもりで頑張ってみな。おまえはきっと一流の選手になれる。絶対に間違いない。おれが保証するよ」

その頃彼女は、精神的に少し落ち込み、練習がはかどっていなかったのだ。

「いくらよそのチームの選手とはいえ、こんなに素晴らしい才能を持った選手をみすみす腐らせてしまうのはもったいない。日本の陸上界全体の損失になる」

私はそう思ったのだ。

直接指導することは越権行為になるからできないが、言葉を掛けてやることは構わないと思う。

その後、彼女はまるで別人のようにめきめきと実力を発揮し始めた。一九九九年十一月には、日本歴代二位、世界歴代六位の好記録で東京国際女子マラソンで圧勝し、シドニーオリンピックの代表選手にまで選ばれた。

チームという垣根を越えて、才能のある選手には何とかして、その才能を開花させてあげるようにしたい。同じ陸上競技を愛する者としての務めではないかと思う。

日本が強くなるためにも、必要なことではないだろうか。

焼き鳥屋がチーム円満のカギ

「なんでこんなインスタント食品なんか食べさせるんですか」

「焼き鳥屋に連れていって、お酒をガンガン飲ませ、焼き鳥もお腹いっぱい食べさせたりして、本当に大丈夫なんですか？」

私は、そんなことをよくいわれる。

たしかに、食事制限などを徹底的にやらされているチームの選手の目から見たら、私のやり方は非常識なものに見えるだろう。

「焼き鳥が好きだからだよ。ほかに理由なんかない」

それが私の答えだ。

ある選手にはもう十年ぐらいにわたって、焼き鳥屋につき合ってもらっていた。彼女はビールが大好きで、大瓶を三本ぐらいは飲んでいたし、焼き鳥も二十本は食べていた。

その彼女が退部したので、この間、「ひとりで行くのは嫌だから、誰かつき合ってくれないか？」といったら、鈴木博美がつき合ってくれた。

「監督は、長年の相棒をなくして寂《さび》しいんでしょう。可哀想だから、一回ぐらい私がつき合ってあげるわ」

私は、こんな風貌《ふうぼう》なので、どうしてもビシビシと厳しくやっているように見られがちだ。ところが、実際はまるで反対で、私はとにかく楽しんでやっている。

ほかのチームの監督の中には、それを私の一種のカムフラージュだと思っている人もいるようだ。私が嘘をついていると思っている人もいる。

「嘘をいっているのか、本当のことをいっているのか、それが分からないようじゃ、本物の監督にはなれないよ」

私は、彼らに対してはそういっている。

とにかく私は楽しくやりたいのだ。チームの選手全員を集めて、こんなことを話したりもしている。

「いままでは私がおまえたちを可愛がってきたが、もう還暦《かんれき》も過ぎたから、今度はおまえたちが可愛がってくれる番だ。いいか、年寄りを粗末にしたら陸上も強くならないし、ばちも当たるぞ」

そんな雰囲気《ふんいき》のチームなのだ。だから、ときには選手たちのほうから気合いを掛けられることもある。

「監督は去年も一昨年《おととし》も駅伝ぜんぜんやる気なかったでしょう。今年はぜひとも全員で頑張りましょうね」

もちろん今年は金メダルを取るという最大の目標があるから、私も「一丁やるぞ！」と宣言してここまでやって来た。人間というものは、楽しくなければ長続きもしないし、頑張ろうという意欲も湧《わ》きにくいものなのだ。

たかがマラソンではあるが、百人の監督がいたら、百人のやり方がある。

そのうちのどれがいちばん正しいかを決めるのは、結果だけである。

日本最高記録達成は作戦勝ち

高橋は、一九九八年の名古屋国際女子マラソンで当時日本最高記録を出して圧勝した。名古屋のマラソン・コースは、曲がり角が多く風も強いために、記録の出にくい、いわゆる「難関コース」だった。

ところが高橋は、そのコースであっさりと日本最高記録を出した。いままでの常識では考えられなかったことだ。

だが、それは決して偶然の結果などではなかった。私にしてみれば、むしろ当然の結果だった。世界のマラソン界の常識を打ち破るようなペース配分を、緻密《ちみつ》な計算のもとに考えていたからだ。

三十キロまではスローペースの展開であり、誰も好記録が出るなどとは思っていなかっただろう。高橋は、そんな予想に反して、三十キロを過ぎてからの残り十二・一九五キロを、誰もが信じられないようなハイペースで走りきったのだ。

どれくらいすごいハイペースだったかは、ノルウェーのクリスチャンセンが二時間二十一分〇六秒という世界記録を出したときのペースと比べてみればよく分かる。クリスチャンセンの場合は、残り十二・一九五キロに四十一分四十八秒かかった。それに対して、高橋は三十九分三十七秒で駆け抜けた。実に二分十一秒も短縮したのである。

もともと私は、スタートから一気に飛び出させ、ほぼ全行程を一人旅させる作戦を立てていた。ところが高橋は、レースのほぼ一ヵ月前にインフルエンザにかかってしまった。マラソン界の常識では、もうその時点で敗北したようなものである。

監督である私が動揺したり、失望したりしたのでは、彼女も自分の走りに不安を持つようになってしまう。そうなったら、それこそ万事休すだ。

風邪を何とか退治して一安心と思ったら、今度は二週間前になって、彼女が貧血症になっていることが分かった。実は、前年の大阪国際女子マラソンでも貧血症が出て、彼女は七位に終わっていたのである。

私は、彼女が貧血症であることは、本人を含めて誰にも秘密にしていた。

「大丈夫、お前は完璧《かんぺき》に仕上がっている。もう怖いものは何もない。誰にも負けるはずがないんだから」

口ではそんなことをいいながら、必死になって毎日の練習メニューに工夫を施《ほどこ》していた。

結局、量は減らしながらも、ちゃんと質は保てるような練習メニューを作り上げ、何とか危機は脱することができたのだ。

ただし、思わぬハプニングがつづいたので、作戦を変更せざるを得なかった。

三十キロまではトップ集団の中で余裕を持って走らせ、それ以降を一気に突っ走らせる。それが新しい作戦だった。

問題は、三十キロまでの余裕がどの程度のものかということだった。だが、レース当日の朝の彼女の状態を見て、私は「これなら大丈夫だ」と確信した。

紆余曲折《うよきよくせつ》はあったものの、緻密な計算に基づいた常識破りの作戦が見事に成功したのだ。

第五章

マラソン競技のおもしろさ

人はなぜ駆けっこに夢中になるのか？

マラソンレースは、紀元前四九〇年、アテネの郊外にあるマラトンの丘で起こった戦いに由来するといわれている。

ギリシャ軍は、大軍を誇るペルシャ軍と戦い、ついに勝利をもぎとった。その知らせを一刻も早くアテネに伝えるために、オリンピア競技の選手だった兵士を走らせたのだ。彼はマラトンからアテネまでの三十九・九〇九キロを休まずに走りつづけ、勝利の報告を済ませてから息絶えたというエピソードが残っている。

マラソンが正式に四十二・一九五キロと定められたのは、第八回オリンピック・パリ大会からだ。

私は走るということは、人間の基本的本能なのではないかと思っている。

人間も動物も動くことが基本だ。マラソンをはじめとする陸上競技や、多くの球技が、獲物をつかまえるために走り、槍で突いたり、物を投げたりするところにそのルーツがあるという。

人間が生きのびるために、より強い力や技術を獲得してきた歴史が背景にあるのだ。私たちが小さいときから駆けっこに夢中になるのも、そんな本能があるのだろう。ただし、日本人がマラソンに寄せる思いは、それ以外に何か特別なものがあるようだ。

とくにテレビ中継などの視聴率の高さは、諸外国では考えられないほどだ。外国の場合、一万メートルでも四周ほど回ると観客はみんな帰ってしまうという。二十五周もクルクル、回るのを見ているガマンができないのだろう。マラソンでは、スタートからしばらくの間だけ見て帰ってしまう観客も多いと聞く。

ただし、十秒前後で決着がつく百メートルは、おもしろいからみんなが興味を持って見る。また、一マイルとか千五百メートルなども人気がある。

マラソンが日本人に受け入れられるのは、働き者で粘り強いという民族性が影響しているのではないか、という気がする。よくいわれるが、マラソンは人生そのものではないかとも思うのだ。

先日も、こんなことがあった。七十歳近いおじいさんが色紙を持ってうちに訪ねてきた。玄関を入るなり、気をつけの姿勢をとって名前を名乗った。何ですか？　と聞いたら、「マラソンは人生です」という。そして、色紙を五枚出して高橋に書いてくれというのだ。その率直さが、心に染みた。私もマラソンは人生だ、と思う。

マラソンは、頑張れば頑張っただけのことがある。諦めずマイペースで走りつづければ、気づいたときはトップでゴールになることもある。努力が結果につながるのだ。自分ひとりでやるしかなくて、誰も助けてくれない。孤独な自分との戦いだ。

「どこまで走れるか。記録はどこまで出るのか」

日本人は、そういう挑戦が好きな民族なのだ。

私自身も六十一歳になるが、マラソンという競技とともに歩んできて、まったく人生そのものだったと実感している。

「おれはマラソンが好きで好きで頑張って、大学にも遠回りして入った。うちを飛び出して来たけど、夢があったから頑張れたんだ。あのときダメだと思ってくずれちゃったら、いまのおまえと出会っていない。頑張れば頑張っただけのことは必ずあるから、高橋、頑張ってみな」

高橋だけではない、ほかの選手にもそんな話をしている。

「人生も同じだよ。暑いからって気を抜くようじゃ、お前の人生も頑張れない。喜びが少なくなっちゃうよ」

私はマラソンに夢中になれて、本当によかったと思っている。

マラソンは、一生楽しめるスポーツ

走っているとき、いろいろなことを考える。

いろいろな景色を見たり、いろいろな人と出会い、競い合う。その中で、自分の能力を試すことができる。

私は、何はともあれ走ることが好きだ。いいことのひとつは、病気にならない。やりすぎると膝をこわしたりするが、内臓の悪い人、便秘がちとか胃がもたれて仕方がないという人には、マラソンの効能をぜひ教えてさしあげたい。

牛乳を飲む人より、牛乳を配る人のほうがよっぽど丈夫だ。栄養剤だ、精力剤だと片《かた》っ端《ぱし》から飲むよりも、ちゃんとご飯を食べて適度なジョギングでもやったほうがいい。おそらく十歳若くなって、体の機能が衰《おとろ》えるのが遅くなるはずだ。

マラソンは、なにも速く走らなくていい。自分のペースでできる。苦しければペースを落とせばいいのだ。それでも辛くなったら、歩けばいい。

とにかく人間の身体にとっては、心臓に何らかの刺激を与えるのがいい。ちょっと苦しい程度の負荷をかけ、汗を出すことによって、ストレスが発散されたり、血液の循環がよくなって毒素が出たりする。さわやかになる。

だから私は便秘知らずだ。そのかわり、マラソンを一週間もやらないと、ちょっとおかしくなる。胃が悪くなったり、ストレスが溜《た》まったりするのだ。その効果のほどは、実際に自分で体験してみないと分からない。

ところが、人間はいきなり欲をかいて走り出すから、三日ぐらいで飽《あ》きてしまう。夜中に走ってみたり、眠さをガマンして早朝に走ったりする。何事も無理はやらぬほうがよい。夜中に無理して走ったって、体にいいわけはない。勤めで時間のない人は、休みの日、土曜日か日曜日に、週に一回でも走ればいいのだ。

三年ほど前、ある男に再会した。大学時代以来だから、四十年ぶりということになる。彼とはかつて一緒に走っていた仲間だったが、久し振りに会ってみると、昔よりも三十キロ以上も太っていた。貫禄《かんろく》が出たというべきか、聞いてみるとある会社の役員をやっているという。体型はすっかり肥満体に変わってしまっていた。

ところが、つい先日、また偶然の再会があった。千葉・佐倉の健康マラソンの会場だ。「おい、小出！」と声を掛けられて、一瞬誰か分からなかった。

今度はすっかり痩《や》せてスマートになっているのだ。

「どうした？」と訊《き》いたら、こんな話をしてくれた。

彼は私よりも一級上だったから、いま六十二歳になる。できれば、六十五歳まで働きたい。そこまで働いたら、会社を辞めようと思っている。だが、会社を辞める前に、もう一回挑戦したいという気持ちがふつふつと湧《わ》き上がってきた。自分の人生と、マラソンに挑戦してみたいというのだ。

そこで、週三日のジョギングを始めた。何と体重が三年がかりで二十キロほど減って、佐倉健康マラソンを走るまでになった。しかも、結果は私と同タイム。三時間十七分だった。

「小出、こんなおもしろいことはないよ」

体は軽くなるし、健康になる。メシはうまいし、酒もうまい。毎日に張り合いがあると真剣な顔で話してくれた。

いまも、一週間に三日、走る場所を決めて、二・五キロのところを行ったり来たりしている。「今度は何キロの脂がとれるか」と、それが楽しみらしい。

マラソンは、人間を生き返らせてくれる。

いつどこで飛ばすか、抜くか

マラソンは筋書きのないドラマだ、ともいわれる。

ランナーが、どこで疲れてしまうか、どこでガクンと来てペースが落ちるのか、どこまで持つのかという期待と不安で、ハラハラドキドキする。そのスリルと興奮があるから、最後まで見てしまうのだ。

テレビのドラマも同じだ。この次はどうなるのだろうという期待がある。連続ドラマでいい場面で終わると、また見たくなってしまう。マラソンも、そうだ。

「あの上りでどうなるか。下ったあとはどうなるか」

「競《せ》り合って、二十キロ地点を通過しているけれど、三十キロではたしてどうなるか」

などと、想像したり期待したりする。マラソンは、そういうスポーツではないかと思う。抜いたり抜かれたりというドラマもある。会社の中で偉くなるか、ヒラのままだろうかとか、後ろが気になったり、プレッシャーをかけたり、ポーズを作ったり、駆け引きしたり、まさに、人生そのものなのだ。

むろん、レース全体の戦略は監督である私が立てる。このぐらいまではゆっくり行って、ここから出ろ、とか。たいていは、パターンを三つぐらい決めておく。

「この子はヨーイ、ドンで飛ばして行ったら最後まで持たない。三十キロぐらいが限界だな」と思ったら、「前半十五キロぐらい、ちょっとゆっくり行くよ」という。

「この子は最初から行っても大丈夫だな」と思ったら、「トレーニングがうまくいったから、最初から飛ばしていいよ」とアドバイスする。

「今日は勝つのが目的だな」と思ったら、「おまえはスピードがあるから、このメンバーだったら勝てるよ。だから、最後の七キロか十キロで飛ばせ」と指示を出す。練習とその子の実力によって、三段階ぐらいの指示を与えるのだ。

私がいちばん理想としているマラソンは、最初に「ヨーイ、ドン！」といったら、駆け引き抜き、全力疾走で最後まで持たせること。これが理想のマラソンだ。

ところが人間の体というのは、最初はヨーイ、ドンで全力で行っても、だいたい九十分三十キロを過ぎると、疲れて足のバネが利かなくなり、歩幅が広がらなくなる。そして、最後の十キロぐらいは苦しくなってペースダウンしてしまう。反対にペースが上がってくるのは、前半ゆっくり走って、余裕をうまく残せたときだ。

では、どうすればペース配分をいちばん経済的に組み立てられるかというと、本当は平均ペースで行くのがよい。

走っていると、ふっと軽くなる「デッド・ポイント」があるが、前半から飛ばすと苦しくなって、最後でパタンと来てしまうケースが多い。それよりも、「調子がいいな、ふわっと軽いな」と思うところまでジーッと待っているほうがいいのだ。

それが十キロで来るか、二十キロで来るか、三十キロかは人それぞれだが、あまり早く軽く来てしまうと、早くパタンと終わってしまうことにもなる。「デッド・ポイント」を待っていて、スーッと上がっていくタイプもいる。各人各様のパターンがあるのだ。

高橋は心肺機能が強いし脈拍も遅い（一分間に三十五から四十。一般人の半分である。すなわち一回で多量の血液を体中に押し出しており、スタミナに優れる）から、最初から飛ばして行ったほうが、相手に対する圧力は強い。ゆっくり行ってポーンと出るよりも、最初からガンガン飛ばして行ったほうが、彼女の持ち味が出る。

そうした判断のもとに、レースの戦略を立てているのだ。駆け引きが分かっていないと、単なる無鉄砲になってしまう。

高橋の場合はいろいろな経験をさせていて、一九九八年の名古屋国際では、最後になってピューッと頑張った。同じ年のアジア大会では最初から行った。今年の名古屋国際は中盤から勝負に出た。どういう状況にも対応できるようなレースをしている。高橋というランナーは、意外とどんな大会にも備えられるタイプなのだ。

高橋の最強のライバルは、間違いなくケニアのロルーペである。ロルーペは、平均ペースで行くこともできるタイプだ。その脚のバネはレース終盤まで衰えることはないだろう。最後の十キロだったら、絶対負けないと自負しているはずだ。現地点では世界ナンバー1、高橋はナンバー2である。ナンバー2が、ナンバー1にいかに勝つか。ボルダーに来てから私は、そのことだけを考えつづけた。

ロルーペと競《せ》るには、最初から飛ばしていかないと難しい。最初から痛めつけておく——ゼエゼエいわせておかないと、やられてしまうだろうと思う。

今回、どんな作戦を組み立てるか。最も頭を悩ませる宿題であり、また腕の見せどころでもある。

千ccと三千ccのエンジンの勝負

マラソンで強いのは、なんといってもケニアやエチオピアの選手だろう。これは、サラブレッドと荷物を引く馬の違い、要するに走るための血の問題といってもいい。努力や練習では、どうにもならない。生まれながらの違いなのだ。

ケニアとかエチオピアの人たちは、もともとが高地民族である。高地に住んでいるということで人間の体は自然に変化し、順応するから、生まれつき酸素を摂取するヘモグロビンの数、あるいは赤血球の数が違う。

たとえば、日本人だと血液中の赤血球の数は一ミリ立方あたり三百五十万前後から五百万ぐらい。それがケニアの人たちだと、五百万から六百万。ヘモグロビンの数値も、生まれながらに高い。要するに、それだけ機能が高まっているのだ。これでは、千ccと三千ccの車が同じサーキットで競走しているようなものなのだ。

また、たとえばロルーペは小柄だが、日本人の体型と比べると、脚が素晴らしく長い。

脚が長くて、お尻の大臀筋《だいでんきん》がビュッと後ろに出ていて、膝《ひざ》から下が細くて、いかにも走るために生まれてきたような体型なのだ。

もちろん、脚は短いよりも長くてストライドの大きいほうが得だ。一歩で日本人と五十センチも違ってしまうのだから、追いつくはずがない。

筋肉の強さも違う。腿《もも》は日本人より太く、軸がしっかりしている。日本人の子どもたちは学校に通うとなると一キロ行くのに車で送ってもらったり、バスで通ったりするが、彼女たちは十キロ先の学校まで小学生でも歩いたり走ったりして行くのがふつうだ。往復で二時間。それを考えただけでも、オギャーと生まれて十歳なら十歳になるまで、筋肉の鍛えられ方や基本的な体力が全然違う。そういう人たちと一緒にやって、しかも勝たなくてはいけないのだから、いかに大変かが分かるはずだ。

私の教え子たちが夢中で練習して、死ぬほど頑張っても、グラウンドで走ったら、五千メートルで、二百メートルも三百メートルも離されてしまう。

ただし日本人も、私たちが十代のときよりいまの高校生のほうが、平均身長で十一センチほど高くなっている。あと二、三十年もしたら、よその国と同じように脚も長くなって、身長も大きくなる可能性もある。追いつく時代が来るかもしれないのだ。

私たちが高校生のとき、昭和三十年頃の男子の平均身長は百六十センチぐらいだった。

ところがいまは百七十一を超えている。その大きくなった分というのは、胴よりも脚が長くなっている。だから記録も当然伸びる。グラウンドもよくなっている、スパイクもいいものができてくるということで、一九五二年のヘルシンキオリンピックで男子五千メートルで優勝したあのザトペックよりも、いまの高校生の記録のほうがずっといいのだ。

食生活がよくなったり、練習方法が進化したことでこれだけの変化が起こっているわけだから、いまから十年後のトレーニングはどうか、十年後の食べ物はどうなってるか、それを見出せれば、画期的な記録が出せるかもしれない。

だが、なかなか見出せないから、みんな悩んでいるのだ。

短距離も速い長距離ランナー

マラソンといえば、持久力の代名詞のように使われる。

持久力のもとになるスタミナは、生まれながらに持っているものが少なくても、トレーニングによってどんどん身についてくる。最初はとても完走できなかった距離でも、何とか走れるようになる。人間の体は環境によって変化していくのだ。

一方、スピードといえば百メートル走。こちらは、いくら練習をやっても限界がある。持って生まれた天性だから、ある一定までは行くけれど、そこから先には壁がある。日本人選手が真っ向勝負を挑んでも、世界に伍していくのは難しい。

しかし現在のように陸上競技のレースが高度のレベルになると、長距離といえども、スピードがなくては最後は勝てない。だから五千メートルをやるにも、四百メートルで速いとか、八百メートルで速いランナーを探さないといけないのだ。

中国の有名な「馬《マー》軍団」は、とにかく四百とか八百、二百とか三百はもちろん、百メートルの速いランナーを連れてきて、五千とか一万の長い距離にもっていく。だから、最後がケタはずれに強いのだ。

日本の場合は、二百メートルで速いとみな短距離種目に行ってしまう。ところが中国は選手層が厚いから、なおかつ長距離にも向いている人材が多いのだ。

では、どうしたらいいのだろう。練習量を増やし、最初から飛び出して逃げきるスタイルをつくることだ。最後で勝負しようと思ったら、日本人の場合、瀬古現監督以外はほとんど負けてしまっている。

「トンビが鷹を産んだ」という言葉があるが、ふつうトンビは鷹を産まない。高橋の場合も、お父さんは四百メートルの陸上競技をやっていた。そっくりの体型をしてる。お母さんは剣道の選手だった。スポーツ一家なのだ。

これは私の体験から得た実感だが、女子選手の場合、どちらかといえば母親の影響が大きいケースが多い。長距離の女の子を探すときに、まず母親をよく見たほうがよい。母親の体型や資質が、そのまま娘に受け継がれていくことが、よくある。

スピードも持久力も、まずはその資質から判断する必要がある。ただし、遺伝的な条件がすべてとは限らないから、そこに努力や練習、工夫が入り込む余地が生まれてくる。遺伝的な要素を乗り越えて、どこまで挑戦できるかが、勝負のおもしろさでもある。

転倒の怖《こわ》さを知る

レース中でいちばん怖いのは、転ぶことだ。

転んでもすぐ起き上がれば、と素人は思ってしまうだろうが、それほど単純な問題ではない。

最初のスタートのときに転ぶこともあれば、最後のゴール前でもある。脚がからむのだ。転びさえしなかったら、オリンピックに出ていたという選手だっているほどだ。

他人から押されて倒れる場合もあれば、自分で自分の脚を蹴《け》ってしまうときもある。高橋のように脚が内を向いている人は、脚がからまって転んでしまう。練習中でも雨の日にシューズを滑らせたり、石ころを踏んで転んで膝《ひざ》の皿を割り、選手生命がパアになったりしたケースもある。高橋もずいぶん転んでいる。

レースで転ぶと、一万メートルだったらまだいいが、千五百ではもう終わりだ。五千でもおそらくダメだろうし、とくに後半で転ぶのは絶望的だ。スタートして二百メートル以内、一周ぐらいのときに転んだならまだ何とか追いつけるが、苦しいときに転んだら精神的にも、もう追いつけない。

私は高橋が転ぶのをいつも怖がっている。

「絶対転ぶなよ」

そう注意しているのに、この間もハーフマラソンのとき北海道で転びそうになった。あわてて近くにいた人の手をつかもうとしたら、両隣りの人が二人で助け起こしてくれたという。一団になって走っているときは、満員電車のように混んでいて、脚がからまったり、かかとを踏まれたりすることがよくある。一般の選手が市民マラソンに出るときは、人数が多いから十分な注意が必要なのだ。

とくにスタートしてまもなくの下り坂は、注意しないとケガをしてしまう。軽い捻挫《ねんざ》ぐらいならまだいいが、骨折でもしたら一ヵ月、二ヵ月はかかってしまう。骨折も脚だけとは限らない。高橋も市民マラソンに出て、手首を骨折してしまったことは前にも書いた。

ランナーは平地を走っていて、たった一センチ道路が急に高くなってもつまずいて転ぶときがある。最初のうちは下を向いて走るが、苦しくなると人間は上を向くようになって、足元が見えなくなるのだ。

なぜ上を向くかというと、気管がよく開いて空気の入りがよくなるから、自然に本能的に上を向いてしまうのだ。「あごが上がる」のである。だから高橋には、

「三メートルか五メートルぐらいのとこを見とけ」

と教えている。

百メートル先を見たら目の位置が上がるし、苦しくなると、どうしてもあごまで上がってしまう。だから、「苦しくなったら下を向け」といっている。ふっと下を向くと、ストライドが広がってスピードが乗る。

それぐらいの目の位置が、転倒防止にも役立つのだ。

スピードとフォームは関係ない

マラソンランナーには、独特のフォームを持った人が多い。

名選手といわれる人は、それぞれ独自のスタイルを持っているのだ。よくスポーツはフォームが大事だといわれるが、マラソンの場合はまったく関係ないと思っている。フォームはその人の体に合っていればいいのである。斜めになっていようが、何でもかまわない。個性を無視してきちっとしたフォームにつくってしまうと、かえって逆効果になることもある。

なぜなら、人間の体は親から遺伝子をいただいているのだから、背筋の強さも、腹筋の強さも違うし、脚の強さも違う。全部違うのだから、自分にいちばん合った走りができればいいし、それがもっとも理に適《かな》った経済的な走りになる。走りというのは教えてできるものではないのだ。

ただし学校など競技マラソンでは、速い人のフォームに合わせようとする傾向がある。

みんな一所懸命速い人の真似をして、二年も三年もつづけていれば同じになってしまう。だが、私はフォームを無理して直さないことにしている。

たとえフォームを矯正《きょうせい》しても、苦しくなったら必ずまた自分のいちばん走りやすいフォームに戻ってしまうものだ。ではどうするかといえば、クロスカントリーなどいろいろなことをやらせて、自然な走りのなかで自分に合った楽な走りを覚えさせる。これがいい。

だから、一流ランナーはそれぞれ走り方が違う。前傾して走る人もいるし、立てて走る人もいる、首を傾《かし》げて走る人までいる。何でもありなのだ。

強くなる選手は、そのなかで自然に個性的ないいフォームになってくる。正しいといわれるフォームが楽とは限らないし、速くなるとも限らないのだ。

ただし、一般のジョガーで速く走れない人は、ほぼ似ている。みんな手をちょっと開いて前傾して走っているのだ。スピード練習が不足しているから、脚の型がだいたい似てくる。前のほうの筋肉が発達して、後ろの筋肉はちょっとボテッとしている人が多いようだ。

それに対して、速い人はスピード練習をたくさん入れているから、もっと脚が締《し》まっている。ゆっくり長く走っていると腰が落ちて、パタパタパタパタ走るようになる。一方、速く走ると腰がキュッと高くなって、カッカッカッと走るようになるのだ。

スピード練習とは、百メートルを走るように短距離走の練習をすることもあるし、二百メートルを何本もやったり、四百メートルを何本も走ることもある。

たとえば、四百メートルを全力疾走《しっそう》で飛ばしたあと、百メートルか二百メートルをゆっくり走り、また四百メートルを全力で走るといった練習をするのだ。

一流の選手になると、千メートルをレースのペースで飛ばしたあと、百メートルぐらいを一分ほどかけてジョッグし、またそこからダッシュするという繰り返し。これは「インターバル・トレーニング」と呼ばれている。

それをトラックでやる場合もあるし、自然の地形の上り坂を使って、傾斜を上ってからまた百メートル、二百メートル頑張るといった方法もある。五十メートルほどの坂を探して、行ったり来たり、行ったり来たり五十本ほど繰り返したりもする。

しかし、一般ジョガーの人にスピード練習を勧めても、毎日トラックに行ってやるわけにはいかない。勤めが終わってから夜に走る人もいるし、お昼休みに走る人もいる。専門に走るわけではないから、それは仕方ないことだ。

ただし、速くなりたいと思ったら、三十分ほど景色を見ながらゆっくり走ったあと、ときにはスピード練習をとりいれてみればいかがだろうか。

やがてやって来る女子マラソン二時間十六分の時代

女子マラソンの魅力は、なんといっても華やかさだろう。

おへソ丸出しで走る子もいるし、レオタードのような短いものをはいたり、いろいろなファッションや色の華やかさもある。どちらかというと、同じような格好で走っている男子よりもきれいだ。

これまでは女性が男性みたいにがむしゃらに頑張ったり、しかめっ面や苦しい顔をしてやったスポーツは、意外と少なかった。女性が十人とか二十人も重なってガンガン競うスポーツが、ほとんどなかった。そういうなかで、女性の意地や頑張りを見られるということも魅力のひとつだと思う。

それに外国の選手もたくさんやって来る。国と国との戦いという見方もあり、応援にもつい力が入る。国によってユニフォームも違うし、走り方も違う。見ていて楽しいし、気持ちがいい。何より、一筋にゴールを目指して走る姿は、感動を呼ぶ。だから女子マラソンは、まだまだ栄えるのではないかと思っている。

歴史的に見れば、オリンピックの正式種目になったのが一九八四年のロサンゼルスオリンピックからだから、今度のシドニーでまだ五回目にすぎない。それまでは、マラソンは女子にはできない苛酷《かこく》なスポーツだと思われていたのだ。

しかし、男も女も肉体的な機能は大して変わらないのだから、トレーニングによって女子競技は急速に進化した。国際大会の種目に女子の棒高跳びができたり、ハンマー投げができたりしたのも、それほど昔のことではない。

マラソンは、ほかのスポーツに比べて、男子・女子の差が少ないスポーツだ。四十二・一九五キロを走って、男子・女子の記録の差は十四分程度しかない。

私は、そのうちにもっと近づくのではないか、女子は二時間十六分の時代が来るのではないかと思っている。

ただし、男性と女性では持ってる筋肉の量が違う。同じ六十キロの体重でも筋力というか、筋肉の量が違う。だから男子のほうがスピードがあるのだ。反対に、持久力に関しては女子のほうに分がありそうだ。

女性はあまりスピードは出ないけれど、トコトコ、トコトコ、飽きずに走れる。男子は瞬発力はあるけれど、すぐへたばってしまう。練習も持久力があるから、女子のほうができる。だから、どこまで追いつけるかが楽しみでもある。

おそらく女子もこれからはもっとレベルが上がるはずだ。日本でも二時間二十分を軽く切る時代が来ると思う。

かつて有森が二時間二十八分〇一秒を出したら、

「すごい、日本記録を一分以上も破った」

と大喜びしている人がいたが、私はその頃、

「ダメだよ、もう二時間二十分の時代だよ」

と断言していた。

誰も高橋が名古屋国際で、二時間二十二分十九秒で走るとは思っていなかったのだ。

その意味でも、女子マラソンはこれからもっとおもしろくなるに違いない。

オリンピック選考の光と影

千葉すず選手が、日本水連に抗議した顚末《てんまつ》は、日本中の注目を集めた。御承知のように、マラソンの代表選考においても、一悶着《ひともんちゃく》あった。いわく、弘山晴美選手はなぜ選ばれなかったのか、云々……。

私も実は、選考の仕方については考えなくてはならない点が多いとする一人である。オリンピック選考で、たとえ一人でも二人でも不公平なやり方をされて、一生忘れられないような心の傷が残るのはイヤだなと思う。もっと公平にやるべきだろう。

三人の候補者がいたら、一人ぐらい国民投票で選んでもいいのではないかとさえ思っている。各選手ごとに多様なデータを出して、それをもとに投票で決めてもらうのだ。オリンピックという憧《あこが》れの大会に出る選手は、できるだけ公平に決めてもらいたい。何人かの関係者や都道府県から選ばれた理事の判断で、「これで行こう」などと決めないほうがいいのだ。

私がいつも考えていることは、現場の監督も全部選考会の中に入れてほしいということだ。せめて候補を三十人ぐらいに絞って現場の監督を呼び、「専門家として毎日直接見ている人間として、意見をいってくれ」とお願いするのは無理だろうか。

マラソンの候補を選ぶのに、マラソン経験のない人が選んでいるのはいかがなものだろうか。

その上、陸連には派閥《はばつ》があって、その権力争いも影響してくるという。アメリカなどでは考えられないことだ。

かつて、私の教え子だった鈴木博美も落とされたことがあった。だが、その年彼女は二時間二十六分二十七秒という記録を出して、世界で三番目に速い選手だったのだ。

鈴木はいまだに私にいっている。

「監督、有森さんが可愛かったんでしょう?」

むろん、冗談半分だが、残りの半分は本気だ。私は、「おまえも可愛いよ」と答える。

「あのときは公平に見て、おまえのほうが強かったから、陸連のある人に鈴木を出してくれっていったよ」

そんな話をしてやる。その人の名前もいった。「あの人にいったんだから聞いてみな。おれは嘘《うそ》はいわないよ」と。

鈴木だけでなく、私だって選考に不満を感じていたのだ。

「有森はたまたま銅メダル取ったけど、おまえが行ってたら金取ってるな」

そういって私は鈴木に謝った。だが、「おれをあんまり恨まないでくれよ。どうにもならねえことは、どうにもならねえんだ」と。

人間は十人いたら十の意見がある。そのなかで、誰が見ても納得できるやり方で、明快なかたちで選考してもらいたいと思っている。

私の個人的な、もう一つの選考プランはこうだ。

まずは、「ヨーイ、ドン」で全員で一発勝負をやる。オリンピック当日も一発勝負である。調整も含めて、一発でベストを出せる選手でなければ意味がないからだ。それでも、本当に強いランナーを選ぶのに、一発勝負だけでは怖いという人もいるかも知れない。ならば、候補を三十人挙げて、三十キロなら三十キロ、オリンピックの近くになって、もう一度同じメンバーでレースをやらせればいい。前回の結果を参考にしながら上位に来た人から順番に選べばいいのだ。

これならば、誰がいちばん強いか分かるだろう。

オリンピックの選考は、なによりも「スポーツマンシップ」に則《のっと》ってやってもらいたいと思っている。

高橋のシューズは四十足の中の一足

かつて、エチオピアのアベベというマラソンランナーがいた。不滅の名ランナーであり、「裸足《はだし》の王者」と呼ばれた。彼は60年ローマ、64年東京オリンピックでも裸足で走り金メダル、ほかの大会も含めて何度も優勝している。

いまでは裸足で走るランナーはいないが、アベベにそれができたのは、脚の筋力が桁外《けたはず》れに強かったからだろう。

ケニアやエチオピアなどの高地に住んでいる選手たちは、ふだんからよく歩いているせいで脚の筋力が強い。だから、彼らはシューズにはそれほどこだわる必要がないのだ。どんなシューズを履《は》いても、もともと脚の筋力が強いのだから、大して変わりがない。靴の形が悪くても、少しぐらい履きづらくても、彼らは靴を足に合わせてしまう。靴のほうが足に慣れるのだ。

日本人は、筋力がないからシューズでそれを補わなければならない。百メートルなどの短距離ではスパイクが非常に重要な役割を果たすが、マラソンでも同じなのだ。たかがシューズと思われるかも知れないが、シューズによって記録が大きく違ってくる。シューズはマラソンで勝つための、重要な要素の一つなのだ。

自分の体重と脚に合ったシューズを探すことに、各選手を皆気をくだいている。たとえば高橋はオリンピック用にと、実に四十足ものシューズを作ってもらった。もちろん、一つひとつ手作りである。本番のレースでは、その中の一足を履いて走ることになる。

ところで高橋は、左脚のほうが右脚より四ミリ長い。いつも道路の左側を走っているから、左脚が長くなってしまうのである。一種の職業病といってもいいだろう。そのまま走り続けると、左足にだけ衝撃が加わり、股関節を痛めたりもする。

したがって、練習のときには右足のシューズの底が左足よりも一、二ミリ厚くなっている。それで体のバランスを取っているのだ。

身体機能の面から見ると、日本人にはいくつかの不利な点がある。しかし、それは頭を使って工夫すれば十分に克服することができる。と、少なくとも私は信じている。

私は、それをぜひともオリンピックの場で証明してみせたいのである。

「石橋を叩いても渡らない」心構え

シューズに関しては、いろいろな思い出がある。

アトランタオリンピックのときは、浅利純子選手は靴下をはかなかったのでマメができ、それが潰《つぶ》れて足が血だらけになっていた。

有森とはシューズの件でずいぶんやり合ったことがある。

「監督、私、靴下ははきません」

「何で？」

「靴の専門家が、このシューズはいいシューズだから、靴下ははかないほうがいいって。靴下をはくと靴の中で足が滑って走れないよ、っていうんです。だから、はきません」

私は、それでも「絶対に靴下ははけ」といった。アトランタのコースはアップ・ダウンが激しく、必ずマメができるからだ。しかし、彼女は聞き入れなかった。

嫌だというものを無理にはかせてもしょうがない。納得させるには、実際にコースを試走させてみるのがいちばんだ。

彼女は靴下をはかないで走った。すると、二十キロを過ぎたあたりから、下りで顔をしかめるようになった。

「どうしたの？」

「すみません」

靴を脱がせて見てみると、案の定、大きなマメができていた。

「監督っていうのは、選手に少しでも速く走ってもらいたくて、いろいろいうんだ。この道四十年だよ。だから、もっと素直になって、いうことを聞いてほしいね」

有森は自らそういう苦い体験をしたから、オリンピックの本番ではちゃんと靴下をはいて走った。幸いメダルを獲得することもできた。

もしも靴下をはかずに走ったら、マメができて、勝負はどうなったか分からない。メダルが取れるのと取れないのとでは雲泥《うんでい》の差だ。その後の彼女の人生さえ大きく違ってくるのだ。

細心の注意を払って選ばなければならないのは、シューズだけではない。パンツやランニングシャツも同じだ。

「パンツなんかどうでもいいじゃないか」大半の人はそう思うだろう。だが、選手にとっては決して軽視することができないものだ。

ヒモがきつすぎるパンツをはくと、走りづらいし、気持ちが悪くなったりもする。呼吸に支障をきたすからだ。

オリンピックの本番でそんなことになったら、それこそ取り返しがつかなくなる。ふだんから「自分にとって何がベストなのか」をちゃんと知っておかなければならないのだ。

ランニングシャツも、何でもいいというわけにはいかない。

シャツには縁取《ふちど》りがあって、その部分が厚くなっている。走っている間に肌がすれて、ひどいときには血が出ることさえある。

オリンピック用だと届けられたシャツを選手に着せて走らせたら、すれて血が出てしまった。私は選手に、走る前に必ず修理をさせるようにしている。

ちょっときついランニングシャツで走ると、男子の場合も乳首がどうしてもすれてしまう。そのために、選手は乳首に絆創膏《ばんそうこう》を貼るのだ。

マラソンは、ただひたすら走るだけの競技だが、実に細かいところまで神経を使わなければならない。選手の中には帽子を被《かぶ》って走る人もいるが、被り方を間違うとかえってマイナスになる。

帽子を深く被ると、熱がこもって頭が蒸《む》れてしまうのだ。帽子で走るときは、ときどき外すか、あるいは帽子にたくさん穴を開けて空気が出入りしやすいようにしておいたほうがいい。

オリンピックの勝負は、本当の一発勝負だ。二度も三度も出場することは不可能に近いから、用心に用心を重ねて絶対に失敗をしないようにしなければならない。

勝つためには、「石橋を叩いて渡る」つもりで、あらゆることに細心の注意を払うことが必要である。いや、場合によっては石橋を叩いても渡ってはいけないときもある。

そのことを、肝《きも》に銘《めい》じておくべきなのだ。

ママさんランナーの時代到来

現在の日本のマラソン界は、ママさんランナーに支えられているといっても決して過言ではない。

驚くほどたくさんのママさんランナーが、各地の大きなマラソン大会に参加して走っている。大阪国際にしても、東京国際にしても、プロではない、普通のお母さんたちの、いわゆるママさんランナーが本当によく頑張っているのだ。

五十歳を過ぎても、懸命に頑張っている人がたくさんいる。本当に感心させられる。なぜそんなにもマラソンに夢中になるのだろうか。マラソンのどこに、そんなに彼女たちを引きつける魅力があるのだろうか。

おそらくマラソンには「挑戦してみたい」という気を起こさせる何かがあるのだ。それが彼女たちを虜《とりこ》にしてしまうのだろう。

素敵なシューズを履き、カッコいい短パンをはき、自分のお気に入りのファッションで、四十二・一九五キロを、たくさんの人たちの応援を受けながら、お母さんでも走れるのだ。それはマラソンならではの快感である。しかも頑張れば頑張った分だけ、ちゃんと記録となって表れる。自分の目標、自己ベストの更新、つまり夢の実現に向けて努力してきた跡が、はっきりと分かるのだ。努力の成果を確認しながら、着実に夢に近づけるのである。

私は高橋によくいって聞かせている。

「おまえがいま、みんなからこうして大きな支援を受けながら、好きで好きで堪《たま》らないマラソンを思いっ切り楽しんでいられるのは、おまえと同じように走ることが大好きな、あいうお母さんたちがいるからなんだよ。あの人たちが、マラソンをこんなに栄えさせてくれているんだ。そのことは絶対に忘れてはいけない」

私は、エリートの選手たちを集めたマラソン大会もいいが、ママさんランナーだけの大会もあったらおもしろいだろうな、と考えている。いや、絶対にやるべきだろうと思う。年に一回か二回でいいのだ。

そして、その大会では練習の仕方もきちんと教えてあげればいい。ママさんランナーは、ほとんど練習の仕方も知らないままに、ただひたすら無我夢中で走っているだけというケースが多いから、そうした機会を設《もう》けるのは大事なことだと思う。

プロになることで夢を与えられる

かつてのオリンピックは、アマチュアだけのものだった。いまはプロもアマチュアもない時代だ。ところが、日本の陸上競技だけはいまだにアマチュア規定を守っている。

たとえば、高橋ぐらい知名度が高くなったら、広告に出るだけで一年間に何億と稼《かせ》げる価値があるという。ところが現実はどうかというと、肖像権はＪＯＣが持っているから、高橋は一銭も稼げない。

アマチュアだからというのが理由だが、私は「冗談じゃない」といいたい。もうアマチュアもプロもない時代なのだから、頑張った人にはそれだけの評価と報酬が与えられて当たり前だ。ＪＯＣは本来、選手たちのために、そうしてやるべきなのだ。

ところが、現実はそれとまったく反対だ。これは批判でも何でもない。当たり前のことを当たり前にすべきだ、といっているだけだ。

高橋は、お陰様でマスコミのみなさんに非常によくしていただいている。それを活《い》かすためには、お金を稼いで、陸上競技に自分の人生や可能性を懸けてみようと思う子どもたちに夢を与えることがいちばんだと思う。そのためにも、私は高橋にプロになることを勧めている。

「おまえは、マラソンに取り組んでいる市民ランナーや子どもたちに、夢を与えるような存在にならなければいけない。それがおまえに課せられた仕事なんだよ」

現に、高校生たちは彼女の色紙を見せただけでも喜ぶし、あげたらもう飛び上がって大喜びをする。色紙だけでも、彼女は夢を与えることができる人気者なのだ。

テレビCMに出たり、ポスターに出たりするようになったら、「私も高橋のように頑張ろう」とか「ボクも頑張るぞ」と彼女を目標にする若い人たちが増えてくるはずだ。

私は、高橋にぜひそうなってほしいと思っている。

いったい、海外のプロのランナーはどのようにして稼ぐのだろうか。CMに出演したりするのは、いわば副業で、本業はやはりレースに出て賞金をもらうことだ。

たとえばマラソンの優勝賞金は、鈴木博美がアテネで勝ったときは七百万円だった。海外の主要レースだと、優勝賞金は五、六百万円といったところだろう。

高橋がもしもオリンピックで金、もしくは二位、三位に入ることができたなら、出場料つきで海外の大きな大会に招待されるようになるだろう。

たとえば、オリンピックで好成績を収めた後の高橋は、世界中に活躍の舞台を広げ、優勝すれば、二千万円ぐらいは稼げる計算になる。

といっても、それはあくまでも海外で行われる大会でのことだ。日本で行われるマラソン大会では賞金は出ない。

「よく走ったね、ご苦労さん！」

それだけでは、選手のやる気が出なくなってしまう。同じ四十二・一九五キロを走るのなら、賞金がもらえるほうがいいに決まっている。日本の選手にとっては外国の大会に参加したほうが得なのだ。

日本も早く賞金を出して、有名選手が喜んで参加するようにしていかなければならないと思う。私は声高《こわだか》に主張しているのだが、なかなか実現しない。

日本ではさまざまな規制があって、改革するのに、とにかく時間がかかるのだ。

企業の支援で選手が育つ日本のスポーツ界

それでも日本のマラソン界が発展しているのは、企業が選手を支えてくれているからだ。企業が社員として選手にちゃんと給料を払ってくれるからこそ、選手たちは何の心配もなく走っていられる。その点では、日本の選手たちは恵まれている。

なぜ企業がそんなことをするのかといえば、大きな宣伝効果があるからだ。たとえば、鈴木博美がアテネで優勝したときは、五億円分ぐらいの宣伝効果があったと思う。高橋が名古屋国際で優勝したときも、同じぐらいの宣伝効果があったはずだ。

高橋がスタートから飛び出し、そのままゴールしたとしよう。テレビはトップのランナーを中心に中継をつづけるから、彼女の画面への露出度は非常に高くなる。

高橋は積水化学の社員だから、社名が入ったランニング・シャツを着ている。したがって、会社にとってはレースの最初から最後まで、特別な広告料もなしにＣＭを打ったようなものだ。だからこそ、企業は選手たちを支援するのである。

しかし、いくら莫大《ばくだい》な宣伝効果を上げたとしても、選手の給料は一般の社員と同じである。となると、不満が出て来たとしても仕方のないところだ。そういう選手は、プロの道を選べばいい。

いずれにしても、企業が選手たちを抱《かか》えて、積極的に支援するというやり方は、ほかの国には見られないものである。外国人選手の場合は、自分でお金を稼いでひとりで何から何までしなければならない。そこを考えると、日本の選手たちは確かに恵まれているといえるのだ。

もっとも、アメリカなどの場合は優秀な選手にはエージェントがついていて、CM契約までどんどん進めてくれるから、莫大なお金を稼ぐことができる。強い選手にとって、アメリカは巨大なビジネスの場といってもいいだろう。

実をいうと、アメリカから「高橋のエージェントをやらせてくれ」という打診が私のところに来ている。答えは保留しているが、高橋はお金を稼げる選手として、アメリカのエージェントも注目しているのである。

日本は平等主義が基本だから、いくら強い選手でも欧米のように巨額は稼げない。逆に、弱い選手でもある程度のお金はもらえるから、とりあえず生活を成り立たせることはできる。

強者には不満もあるだろうが、弱者にはそれなりに優しい風土《ふうど》といえるだろう。日本の企業スポーツは、良し悪《あ》しはともかく、平均を維持する仕組みになっているのである。

これからは日本の企業も、強い選手にはもっとお金を出して、世界を相手に戦えるように支援して行くべきだと思う。

グローバルな視点や器《うつわ》の大きさが必要になるだろう。

第六章

心は鍛えるほど強くなる

愛情で選手の心を開かせる

私は監督のいちばんの仕事は、選手の心を開かせることだと思っている。選手は多かれ少なかれ、「自分は本当に強くなれるんだろうか」と不安に思っているものだ。そんな選手を、「何だか本当に強くなれそうな気がしてきた。よし、頑張るぞ！」という気にさせるのである。

私は自分ではどうしてか分からないが、よくいろいろな人にこんなことをいわれる。
「小出さんと話をしたり、飲んだりしていると、不思議に自分にも何かができそうに思えてきます。やる気になってくるんですよ」
「監督は一見、とても怖そうに見えるけど、本当は優しい人なんですね」

優しいかどうかは別にして、私はいつも「心のつながり」が大事ではないかと本気で思っている。簡単にいってしまえば、愛情を持って接するということである。

私は別に、金儲けのために監督をしているわけではない。えばりたいわけでもない。走るのが好きな、同じ夢を追い求める弟子、いや同志がいてくれるだけで十分幸せだ。私は彼女たちといると心が開かれる。可愛くて仕方がない。だからこそ、選手たちも私に対して心を開いてくれるのだろう。

そんなふうに接していればお互いに楽しいはずだ。どうせ同じマラソンをするのなら、楽しくしたほうがいいに決まっている。

みんなでしかめっ面をしてやっても、しようがない。一回しかない人生なんだから、楽しくやらなければ損だ。私はそう思っている。

だから私は、選手たちの食べ物を制限したりもしない。監督によっては、ケーキやアイスクリームを絶対に食べさせないという人もいるらしいが、私は自由にさせている。

本当に食べたいものなら、いくら「食うな！」といっても、隠れてでも食べるだろう。それではせっかく開いた心が、また閉じてしまうことになる。それならいっそ自由にさせたほうがいい。

そのほうが楽しいに決まっているのだ。

人の心が読める人になれ

誇張でも何でもなく、私は足音を聞いただけで、それが選手のうちの誰《だれ》であるかがちゃんと分かる。

選手にはそれぞれに性格があり、足音も違うのである。バタバタバタとせわしない足音を立てて来る選手もいれば、静かにソッと来る選手もいる。また、ドアの叩《たた》き方にしても、トントンと軽く叩く選手もいれば、ドンドンと勢いよく叩く選手もいる。

それは日頃から注意して選手を見ていれば、誰でも分かることである。私はそう思うのだが、実際はなかなかできない指導者もいる。

そういう人は、要するにいろいろなところに細かく気を遣《つか》うことのできない人である。気を遣うことができる人なら、選手の性格や癖などはちゃんと把握できるはずだ。

私は、些事《さじ》に細かく気を遣うことができない人は、監督には向いていないと思う。

たとえば、シャワーを浴びるとき、まわりに石鹸《せっけん》の泡《あわ》が飛び散っているのも構わずにさっさと出てしまう人がいる。その人はそういう性格なのである。

私は、後から利用する人のことを考えて、ちゃんと泡を洗い流して綺麗《きれい》にしないと気が済まない。私の性格である。

トイレを使うときも同じで、もしも便器が汚れていたら、ちゃんと綺麗にして出る。次に使う人が気持ちよく使えるようにしておいてあげるのである。

「自然に気を配《くば》れる人間じゃなかったら、監督にはならないほうがいいぞ」

私は、コーチや選手たちにいつもいっている。

男だけの酒の席では、こんな話をすることもある。

「監督になるのなら、女性をパッと見た瞬間、彼女が自分の誘いに乗るかどうかを見抜けるようでないといけないよ。それが百パーセント見抜けないうちは、まだ監督は無理だね」

要するに、監督は何よりも人の心が読めないといけないのだ。出会った瞬間に、その人が自分をどう思っているのかを的確に察するようでないと務まらない。もちろん、経験と勘が必要である。

監督は選手とコミュニケーションを取る必要がある。そしてどんなときにも、彼女がどういう言葉を掛けたら喜んでくれ、何をいったら傷つくのかということを、あらかじめ把《は》握《あく》しておくことが大切だ。

マラソンは苦しくてきついスポーツである。したがって、選手はどうしてもきつい顔つきになりがちであり、雰囲気もピリピリと緊張したものになる場合が多い。

それを和《やわ》らげ、選手たちの顔に笑みを浮かばせ、みんなが仲良く高い目標に向かっていけるようにするのが監督の役割である。

そのためには、どうしても選手一人ひとりに細かく気を配り、次に何をすべきかをつねに考えておかなければならない。

厳しい練習の後こそアフターケアが必要

練習にはメリハリが必要だ。

厳しいトレーニングばかりつづけていたら、いずれは選手が音《ね》を上げてしまう。しまいには、選手を潰《つぶ》してしまうことにもなりかねない。

私は、厳しいトレーニングの後や、心身を削《けず》り取られるようなレースの後では、手綱《たづな》を目一杯緩《ゆる》めてやるようにしている。

私のトレーニングは決して生半可なものではない。選手と私との間で命のやり取りをするような、そんな苛烈なトレーニングをすることもある。たとえば、アトランタを前にした有森とのトレーニングがそうだった。

「監督、私、もう走れなくなりました」

有森がいった。

「それはそうだろう。この標高二千七百メートルのロッキー山脈で、命懸けの練習を繰り返してきたんだ。それこそ、一歩間違えたら、死んでしまいそうなぐらい、走りに走ったんだから、それは当たり前だよ」

有森は、私の言葉にただ黙ってうなずいていた。

「おれも心臓が止まってもいいと思って、一緒に頑張ってきた。おれもおまえも、死ぬ気でやったんだ。これだけやったんだから、きっとメダルは取れるぞ。心配するな」

文字どおり命懸けの練習を際限もなくつづけていたら、本当に死んでしまう。

だから私は、ある一定期間の猛烈なトレーニングを始めるに当たっては、あらかじめ選手に念を押しておく。

「これから凄《すご》いトレーニングに入る。一歩間違えたら死ぬかも知れないぞ。その覚悟をしておくように」

トレーニングが真剣勝負であることをお互いに確認しておくのである。これから、こういう目的で、これだけのトレーニングをする、ということを選手にしっかりと認識させておかなければいけないのだ。

「はい、分かりました。よろしくお願いします」

選手と監督の両方が、納得ずくでトレーニングは始められる。

むろん、それまでには心身ともにしっかりした下地《したじ》を作っておかなければならない。それを怠《おこた》っては、厳しいトレーニングなど危険で課すことができない。レースに向けてベストな体調を作り上げていくための準備と心構えが大切なのだ。

その過程では、絶えず選手のチェックをする。体調や心の状態などを見ながら、突然、走ることをやめさせたりする。場合によっては、二日も三日も走らせないこともある。すると、たいていの選手は不安を覚えて、泣きながら「走らせてください」と訴えてくる。しかし、「ダメなものはダメ」と、私は妥協しない。

なぜなら、高い目標を目指している選手は、ともすると自分の心身の消耗度《しょうもう》に気づかず、ついオーバーワークになりがちだからだ。

私にはこれまでの経験から、選手の顔に「絵」が見える。走るのをストップした後に、心身の疲労が抜け、「走りたい」という意欲が顔にはっきりと表れるのが分かるのだ。

爆発するような精気が五体にみなぎったとき、私は初めてゴーサインを出す。すると、選手はまさに水を得た魚のように嬉々として走るのだ。

そうして、最終調整をしてレースに選手を送り出す。結果は、おおよそトレーニングに見合ったものとなる。

だが、それだけで終わってはいけない。アフターケアも必要なのだ。選手に思う存分、解放感に浸《ひた》ってもらうのだ。

「監督、私、ゆっくり温泉旅行でもしたいんですけど……」

「ああ、行っておいで。ゆっくりお湯に浸《つ》かり、うまいものを食って、酒でも飲んで、思いっ切り遊んでこいや」

選手たちは、そうすることによって英気を養うのである。

猛烈なトレーニングや苛酷《かこく》なレースの後には、アフターケアが必要であることを忘れてはいけない。

「生きる力」を教えるのが本当の教育

私はかつて教員として二つの進学校で教えたことがある。

その当時は、ちょうど進学ブームで、進路指導においては成績のよくない生徒はまるでカスみたいに扱われていた。

私は、はっきりいって、勉強はできなかった。それでも私には自分が喜んで打ち込めるものがあった。「駆けっこ」である。「駆けっこ」があったから、勉強ができなくても、そんなに落ち込んだり、悲観したりすることはなかった。

自分がそんなふうだったから、生徒には何らかの喜びを求められるようにしてやるべきだと思っていた。ところが、教員の中には、勉強ができないからと生徒を馬鹿にするような人もいた。私は、その教員に面と向かって、はっきりといってやった。

「先生というのは、勉強を教えるのは当たり前だが、それよりももっと大事なことがあるんじゃないですか。『生きる力』を教えるってことですよ。それが本当はいちばん大事なんじゃないですか」

そんな私をほかの教員たちは白い目で見ていた。だが、私は自説を決して曲げようとはしなかったし、進んで実践もした。

どんなに勉強ができない生徒でも、私は決して自分から指導を放棄したりはしなかった。そんな生徒でも、「生きててうれしいな」と思えるような夢と希望があれば、顔が自然にほころんでくるし、目も輝いてくるのだ。

そんな生徒のひとりは、私と一緒に楽しくマラソンをすることで、自分の夢を見つけた。高校二年生のときに日本歴代三位の記録を出し、その後、推薦で筑波大学に進学し、いまは教員になっている。彼女が私にしみじみといったことがある。

「あのとき、先生と出会って、マラソンをしていなかったら、たぶん私は教員にはなっていなかったと思います」

人生は、ちょっとしたきっかけで変わるものなのだ。夢と希望を与えるようにすれば、誰でも自分の人生を前向きに考えるようになる。そんな「生きる力」を教えるのが教育だと思う。

私にとっては、それがマラソンだった。教え子の中にも、マラソンで生きる喜びを発見した者がたくさんいる。マラソンにはそういう力があるのだ。

日の丸と『君が代』に敬意を表せる選手

日の丸が揚がっても敬意を表さないし、『君が代』も歌わない選手がいるようだ。はたして、こんなことでいいのだろうか。人間にはいろいろな考え方があっていい。だが、誰にも国籍があり、自分の国を愛する気持ちは持っているだろう。祖国を愛する気持ちは共通であってほしい。

私自身、自分が日本人であることに強い誇りを持っている。だから、どこへ行っても自慢している。

「おれは日本人だ！」と。

そんな私にとっては、日の丸も『君が代』も国の象徴である。日の丸が掲揚《けいよう》されれば、自然に背筋がピンと伸びる。『君が代』の演奏が始まれば、顔を上げて大きな声で歌う。

それが当たり前だと思う。理屈はどうでもいい。

アメリカの選手たちは、国旗に対してはものすごい敬意を持っているし、国歌に対しても同じだ。あれだけ個人の自由を尊重するアメリカの人たちが、自分の国についてはほとんど例外なしに、びっくりするほどの誇りと敬意を持っているのだ。

オリンピックに参加する選手たちは、いずれも国を代表し、参加しているのだ。自分の国を誇れないようでは、それだけでも勝つ気迫で劣《おと》りはしまいか。

自分の背後には、愛する母国の人たちの声援がある。そう思えるだけで、自分にとっては大きな力になるはずだ。

自分の国を自慢に思わないで、どうして国を代表することができるのか。

最近の若い人たちの中には、中・高校生時代に一度も『君が代』を歌った経験がないという人もいるようだ。学校で日の丸が掲揚されるのを、一度も見たことがないという人もいると聞く。

私は、こんなことではいけないと思う。日の丸は国旗であり、国旗に対しては敬意を表すべきだということを小さい頃からきちんと教えておく必要があると思う。

それはむしろ躾《しつけ》だ。理屈ばかり先に教えるのではなく、まず躾けることだ。

オリンピックが、「日本という国」について考えるための、よい機会になればとてもうれしい。

夢があれば苦労も苦労ではなくなる

私には三人の娘がいるが、三人目の娘が生まれたばかりの頃のことだった。たまたま妻が病気になり、東大病院に入院することになった。私は市立船橋高校で教員をしていたから、朝の四時半に起きて朝食を作り、子どもたちに食べさせた。それが済んだら、子どもたちを幼稚園や妻の実家に預けに行く。

六時半頃に車で学校に行き、朝の練習は欠かさずみる。放課後も練習の後、病院に行き妻を見舞う。三十分ほどいて、高速道路を飛ばして帰宅する。

そんな生活が四ヵ月つづいた。だが、私は一度も辛いと思ったことはなかった。いくら朝早く起きても、夜遅くなっても平気だった。

とはいっても、私も人の子。疲れがたまっていたのだろう。自然に涙があふれてきたこともあった。高速道路を走っているとき、ふと「なんで、おれはこんなことをしているんだろう」と思ったら、涙が流れてきたのだ。

私には「日本一の高校陸上部の監督になるんだ」という夢があった。だから、「こんなことに負けていたんじゃ、日本一になんかなれないぞ」と自分を叱咤《しった》激励した。

おそらく、私が自分を鍛えるための試練の時だったのだろう。幸いにも、私はその夢を実現することができた。

そんな経験もしているから、私は、夢や願望は強く持てば持つほどいいと思う。願望が強ければ、どんなことがあっても頑張ろうとする。どんな苦労も平気になるのだ。

いまの若い人たちの中には、ちょっとでも自分の思いのままにならないと、自分の命を絶ってしまう人がいる。他人の生命を意味なく奪う者もいる。

「ああ、もう嫌だ。世の中が嫌になってしまった」というのである。

私は、若い人の自殺や、殺人のニュースに接するたびに、本当に可哀想だと思う。私の独断的な見方かも知れないが、子どもたちがそうなるのは、親が子どもを溺愛《できあい》し、何でも与え、何不自由なく育てた結果だと思う。

物質的には子どもを満足させたかも知れないが、夢を与えることを忘れてしまったのだ。自分の夢のために、何が何でも頑張り抜こうという気力が育てられていなかったのだ。

だから、こらえ性がなくて、ちょっと嫌なことがあっただけでも、すぐに生きる希望をなくしてしまう。自暴自棄になる。

子どもたちには、できるだけ早いうちから、いろいろな苦労を経験させておくことが必要だと思う。そうすれば、耐える力がつくし、ちょっとのことではへこたれない。

また、お金にしても、きちっと計算して使うようになり、無駄づかいはしなくなる。賢い人間になれるのだ。もちろん、人に感謝する気持ちも培《つちか》われる。

子どもに限らず、人間なら誰でも、自分なりの夢を持てば、それを実現しようとして努力するものなのだ。その夢に懸ける思いが強ければ強いほど、頑張ろうという意欲もまた強くなる。

夢を持つことが大事なのだ。夢があれば強くなれる。

敗者復活への道を用意しておく

私のチームにはいま、選手が十七人ほどいる。

選手たちの中には、辞めていく人もいる。

「監督、私、もうこれ以上頑張れません。だから、辞めさせてください」

そんなふうにいってくる選手がいる。

「そりゃ、残念だなあ。せっかくここまでみんなで楽しくやって来たのに」

私は、そこでは引き止めない。辞めると決意しているのだから、引き止めてもあまり意味がないからだ。無理に引き止めたとしても、もう楽しく走ることはできないだろう。

口ではそういっても、私は完全にチームから切り離してしまうようなことはしない。彼女が抜けた席は、いつまた戻ってきてもいいように、空席のままで残しておいてやるのだ。

そして、半年とか一年が経ったら、こちらから声を掛けてやる。

「どうだい、元気かい？　そろそろまた走りたくなってきたんじゃないのか。いつ戻ってきてもいいように、お前の席はちゃんと空《あ》けてあるから、走りたくなったら、遠慮なんかするんじゃないぞ」

「監督、ありがとうございます」

声を掛けられた選手は、実にうれしそうな顔をする。もともと走ることが好きで入部したのだから、簡単に走ることを思い切れるはずがない。一時的に嫌になったとしても、時間が経てばきっと走りたいという誘惑に駆《か》られるようになるものなのだ。

私には、それがよく分かっているから、決して扉を閉ざしてしまうことはしない。もしも再び猛烈に走りたくなったとしても、扉が閉じたままだったら、選手を今度こそ完全に殺してしまうことになりかねない。

古巣に帰ってきても、自分の居場所が見つからないときほど惨《みじ》めな気持ちになることはない。ツバメでもちゃんと巣を守っていてあげれば、翌年、必ず戻ってくる。

人間もそれと同じだ。再び快く迎え入れられると、選手はいままで以上に頑張るものだ。きっと新たな気持ちで邁進《まいしん》できるからだろう。

たった一度の挫折《ざせつ》ですべてを終わりにするのではなく、敗者復活のチャンスを準備しておくことは非常に大事なことだ。

中には敗者復活戦から、改めて勝ち抜いていく選手もいるのだから。

世界的ランナーを目指すならしばらく恋はお預け

「二兎《にと》を追う者は一兎をも得ず」という。

わずかばかりの年月に、人間が大きな二兎を追うのは至難《しなん》の業《わざ》である。

現在、私のもとで練習に励んでいる選手たちは、いずれも世界的ランナーになることを夢見てやって来た者ばかりだ。それぞれに素質としてもいいものを十分に持っている。

そんな彼女たちでも、素敵な男性に出会えば恋に落ちるし、素晴らしい恋に憧《あこが》れることもある。当然の話だ。

しかし、ランナーとしての夢を叶《かな》えることと、恋を成就《じょうじゅ》させることを同時に願っても、なかなか無理というものだ。人間、二兎を追うことはできないと覚悟したほうがいい。

「恋はしなさい。だけど夢をメチャメチャにするようなつき合い方はしちゃいかん」

選手たちには、いつもそういっている。

もちろん、ランニングを趣味にしているだけのクラブなら、私も選手にそんな野暮《やぼ》なことはいわない。選手が恋に落ち、結婚まで進むことを、当然のことながら温かく見守り、祝福するだろう。

だが、私のクラブはそんなクラブではない。高い目標を掲げ、勝負にこだわりながら、ランナーとしての大成を目指すクラブなのだ。世界を目標にする人間たちの集まりである。どんな恋をも奨励《しょうれい》するというわけにはいかない。

心地よい恋の悩みなら、それはまだ克服の余地がある。しかし、頭の中をパニックにしてしまうような恋の悩みを抱えていたのでは、オリンピックや世界選手権のメダルを狙《ねら》うのはほぼ不可能に近い。

だから私は、選手たちには、いつもこう話している。

「いま、おまえが目指す夢は、メダルなのか、それとも結婚なのか。おまえにはオリンピックが見えているんだよ。おまえだけに巡ってきたかけがえのないチャンスなんだ」

酷なようだが、結婚は後まわしだ、ということである。

ランナーが真に世界を目指せるのは、人生のほんの限られた一時期でしかない。生活を、青春を、すべてこの一点に投げうつ覚悟の強者《つわもの》が、世界中から集まってくる。少しでも甘さがあれば彼らには勝てない。チャンスはまさにたった一度きりであり、それを逃がしたら、二度と巡り合うことはないのだ。

しかし、恋は違う。ほんの一時期だけ、恋には目をつぶったとしても、素敵な恋に出会うチャンスはまたいくらでもある。

だとしたら、まずはメダルを取ることに集中し、その念願が叶った後で恋をしても遅くはない。どちらを取るかは選手の考え方しだいだ。

世界的なランナーを目指すのなら、恋はしばらくお預けにしたほうがいい。

私の次の夢「銀座マラソン」の開催

日本では、マラソン人口が増えていると聞く。一千万という数字も聞く。

そういう人たちに本格的なマラソンの楽しさを味わってもらうためには、五万人とか十万人の市民ランナーを一堂に集めて走らせればいい。そうすれば、マラソンがもっと注目されて、ファン層の拡大にもつながるはずだ。

私は、陸連の幹部に「一年に一回でいいから、銀座のど真ん中で、世界のどこにも負けないようなマラソン大会を開催してくれ」と懇願しつづけている。

全国各地で大きなマラソン大会が行われているのだから、年に一度ぐらい、東京・銀座のど真ん中でマラソンをやってもいいのではないだろうか。

十万人が参加するとしたら、東京に莫大なお金が落ちることは確実だ。参加料だけでも相当の額になるから、その半分をチャリティにしたらいい。

ホノルルマラソンに参加する人の数は三万人で、そのうちの半分ぐらいは日本人だという。わざわざハワイまで出掛けていってでも走ろうという人が、一万五千人もいるのだ。また最近は、ニューヨークマラソンに参加する日本人ランナーも増えているという。東京でやるとなったら、十万人ぐらいすぐに集まるだろう。エリートの部と一般の部に分けて、海外から有名ランナーも招待し、市民ぐるみで朝から晩まで一日中楽しんだらいいのだ。

しかし、残念ながら、いままでのところ、一向に実現するきざしは見えてこない。どうやら警視庁が道路の使用を許可しないようなのだ。

石原都知事の英断で、何とか実現してもらえないだろうかと思っている。

一年にわずか一日のことだ。歩行者天国の名を全国に知らしめたのも銀座の大通りだったのだから、やってできないことはない。銀座の街から車を完全に締め出して、その日ばかりはマラソンランナーが主役になって、街を思いっ切り走るのだ。

参加する人も、沿道で応援する人も、テレビで中継を見る人も、みんながマラソンを心ゆくまで楽しむ。考えただけでも、胸がわくわくしてくる。

一日も早く実現することを、夢見ている。

メダルのための人生ではなく、人生のためのメダル

オリンピックや世界選手権でメダルを獲得すること。多くの人間にとって、それは限りなく不可能に近いほど難しいことだ。

世界中の人間の頂点に立つのだから、その困難さは並大抵《なみたいてい》ではない。だからこそ、メダルを狙う人は、人並みはずれた厳しい練習にも耐えて頑張るのである。

その努力の代償としてのメダルだから、意味があるのだ。世界中の賞讃に値する輝きなのだろう。

しかし、マラソンランナーがメダルを獲得したとしても、それはあくまでもランナーとしての、アスリートとしての勲章でしかない。

ランナーでなくなったら、メダルもいままでのような輝きを失ってくる。メダリストは誰もが、そういう経験をするのかも知れない。かつての栄光を懐《なつ》かしむだけの人生を過ごす人もいると聞く。私は、そうであってはならないと思う。本当に大事なのは、むしろメ

ダルを獲得した後にも、人間として輝きながら生きていくことではないだろうか。

たとえメダルが取れなかったとしても、それまでに必死になって努力をつづけてきたことを、人間として誇りに思えるような人生を送ることだ。

私は、選手たちにはいつもこんなふうに話している。

「選手としてメダルを狙うことはもちろん大事だ。だが、メダルのために人生があるのではない。あくまでも人生のためにメダルがあるのだ」と。

血の滲《にじ》むような努力の結果として獲得できたメダルが、本当に輝くのは、彼女たちが妻となり、母親になったときなのだ。

子どもたちにとっての最高の母親とは、「私のお母さんはいつも輝いている」と誇りに思い、尊敬できるような母親であるに違いない。だから私も、選手たちにはぜひともそんな女性になってほしいと思っている。

その意味で、私は選手生活を終えた後にやって来る第二の人生のために、素晴らしいお母さん作りをしているつもりなのだ。

無論数ある選手の中には、結婚しても子どもを持たない者もいるかも知れない。また、結婚の道を選ばない者もいるかも知れない。

しかし、人生の一時期を、死に物ぐるいで世界を目指して過ごしたという事実は、すべての選手に自信を与え、支えてくれるものと信じている。

選手にメダルを獲得してもらうことが、監督としての私の夢である。と同時に、私も含めてみんなが一緒になって練習に明け暮れたことが、選手たちの第二の人生に少しでも役立ってくれることを願わずにはいられない。

それが私のもうひとつの夢であり、責任である。

あとがき

「今度は本当に金メダルだね」

「高橋さんは金メダル間違いないでしょう」

こんなことをよくいわれる。それに対して、私はこう応《こた》えている。

「ありがとうございます。まあ、取れるように頑張らせています」

私にしても、高橋にしても、取りたいという気持ちはもちろんある。誰《だれ》よりもある。しかし、最終的な勝利には「時の運」も必要である。

だから、高橋にはこんなふうに話している。

「メダルが取れるか、取れないかと心配するよりも、きちっと走ることだけを考えたらいいんだ。そうすれば、メダルは自《おの》ずとついてくる」

お金と一緒で、『お金が欲しい、お金が欲しい』といっているうちは、お金はなかなか入ってこない。それよりもまずいい仕事をきちんとすれば、お金はその後に必ずついて来るものなのだ。

「いまはただ、自分のためだけに、いいスタートを切ることを考えなさい」

そうアドバイスした。

そのせいかどうか、高橋もメダルの重圧に押し潰《つぶ》されてしまうような感じはまったくない。私が教えているイメージを頭に描きながら黙々と練習をつづけている。

スタートから下り坂を一挙に走りおりたあと、今度は上りに変わる。徐々に先頭集団が形成されていく。高橋はしっかりとその中に入っている。二十キロ地点。先頭集団が割れ始める。高橋を含めた三人が競り合っている。三十キロ地点になると、ひとりが脱落し、二人だけの競《せ》り合いになっている。相手はケニアのテグラ・ロルーペだ。競り合いは三十五キロぐらいまでつづく。

不思議に高橋の力は劣えない。苦しい時期を通り過ぎて、足がどんどん前に出る。表情はほほえんでいるようにさえ見える。そして、ロルーペに五十メートルぐらいの差をつけて、マラソンゲートを潜《くぐ》る。ゴールのテープを切り、スタンドを埋めつくした何万人という観衆に「ありがとう！」といって手を振る——。

私たちは毎日、いま記《しる》したようなイメージを頭の中に描きながら厳しい練習を積み重ねてきた。勝利には方程式があり、正しいイメージトレーニングは大切だと思う。

だが、これで終わりではない。まだ先がある。

「さあ、高橋、次に進もう。今度は自分の一生の絵を描くんだ。三十歳になったら、こういう生活をしているだろう。四十歳のときはこう、五十歳のときにはこういう人間になっていたい、という具合に、自分の一生の最高の絵を描くんだよ」
彼女が実際にどんな絵を頭の中に描いているかは知る由もないが、イメージはしっかりと刻みつけているに違いない。彼女は、これから長く長くつづく人生の本番でも、あまり動ずることなく、イメージどおりの走りをしてくれるものと思っている。

いよいよ運命のレースのスタートまで、あと一週間。高橋は本当によく辛い練習に耐え、強くなってくれた。私たちはやるだけの事はなしたと思う。あとはまさに天命を待つ心境である。
最後に、この大勝負直前の心境をまとめる試みに尽力して下さった、幻冬舎の福島広司、鈴木恵美の両氏に深く感謝申しあげる。

小出義雄

二〇〇〇年九月十八日

〈著者紹介〉
小出義雄　1939年千葉県生まれ。順天堂大学入学、箱根駅伝を走る。卒業後、高校教員となり、陸上部監督として23年間の指導者生活を送る。88年、リクルート・ランニングクラブ監督就任。有森裕子のオリンピック連続メダルを指導。96年、積水化学女子陸上競技部監督就任。97年、鈴木博美が世界選手権金メダル獲得。98年、高橋尚子が名古屋国際女子マラソンを日本記録で優勝、同年12月のアジア大会、2000年名古屋国際女子マラソン優勝。シドニーオリンピックで世界の頂点を目指す。

君ならできる
2000年10月 5 日　第1刷発行
2000年10月15日　第2刷発行

GENTOSHA

著　者　小出義雄
発行者　見城 徹

発行所　株式会社 幻冬舎
〒151-0051 東京都渋谷区千駄ヶ谷4-9-7

電話:03(5411)6211(編集)
03(5411)6222(営業)
振替:00120-8-767643
印刷・製本所:中央精版印刷株式会社

検印廃止

ISBN4-344-00022-6 C0095
幻冬舎ホームページアドレス　http://www.gentosha.co.jp/

この本に関するご意見・ご感想をメールでお寄せいただく場合は、
comment@gentosha.co.jpまで。